卷首语

每年3月，都是“两会”召开的日子。2012年3月11日下午，最高人民法院院长王胜俊向十一届全国人大五次会议作了最高人民法院工作报告。2011年，最高人民法院深入推进社会矛盾化解、社会管理创新、公正廉洁执法三项重点工作，监督指导地方各级法院依法履职、公正司法，着力提升队伍素质、审判质量和司法公信力，各项工作取得新进展，为促进经济平稳较快发展与社会和谐稳定作出了积极努力。本辑《民事法律文件解读》摘录了《人民法院工作年度报告》（2011年）中“执法办案篇”关于民商事审判的部分，以供读者参考。

2011年4月份以来，受国际国内经济形势变化、中小企业融资难等因素的影响，浙江的温州、台州以及内蒙古的鄂尔多斯、河南的安阳等许多地方出现了因民间借贷问题导致的债务到期不能清偿、债务人出逃、中小企业资金链断裂甚至倒闭等事件，造成了局部地区经济社会的不稳定。而自“吴英案”二审宣判以来，“民间借贷”更是一时之间成了社会上的热门词汇。为了积极应对当前出现的民间借贷有关问题，加强审判指导，最高人民法院成立了专题调研工作小组，经过广泛调研并征求各有关方面意见，起草了《关于依法妥善审理民间借贷纠纷案件 促进经济发展维护社会稳定的通知》。本辑收录了该通知，并且邀请最高人民法院研究室的相关负责人对通知进行解读，以便读者更好地理解与适用。

图书在版编目（CIP）数据

民事法律文件解读．总第87辑/奚晓明主编．—北京：人民法院出版社，2012．4

（最新法律文件解读丛书）

ISBN 978－7－5109－0450－9

Ⅰ．①民… Ⅱ．①奚… Ⅲ．①民法－法律解释－中国②民事诉讼法－法律解释－中国 Ⅳ．①D923．05②D925．105

中国版本图书馆CIP数据核字（2012）第073544号

民事法律文件解读．总第87辑

主编 奚晓明

责任编辑 肖瑾璟

出版发行 人民法院出版社

地　　址 北京市东城区东交民巷27号　**邮编** 100745

电　　话 （010）67550562（责任编辑）　67550558（发行部查询）

65223677（读者服务部）

网　　址 http：//www.courtbook.com.cn

E－mail courtpress@sohu.com

印　　刷 北京人卫印刷厂

经　　销 新华书店

开　　本 787×1092毫米 1/16

字　　数 140千字

印　　张 8

版　　次 2012年4月第1版　2012年4月第1次印刷

书　　号 ISBN 978－7－5109－0450－9

定　　价 16.00元

《最新法律文件解读》丛书
编　委　会

执行编辑　肖瑾璟
电　　话　（010）67550562
邮　　箱　courtbook@163.com

目 录

【司法解释、司法解释性文件与解读】

【部门规章、部门规章性文件与解读】

【地方性法规、地方政府规章与解读】

【地方司法业务文件与解读】

[司法解释、司法解释性文件与解读]

人民法院工作年度报告（2011年）（摘要）

（2012年3月）

执法办案篇

一、加强民商事审判工作，维护当事人合法权益，促进经济社会科学发展

民事审判在化解矛盾、定分止争、保障民生等方面具有重要作用。商事审判对于调节经济关系、维护经济秩序、促进公平竞争、促进经济发展方式转变方面具有重要意义。2011年，全国各级人民法院大力加强民商事审判工作，为促进经济健康发展，维护人民合法权益提供了有力司法保障。2011年，全国法院共新收一审、二审、再审民商事案件7226871件，同比上升7.62%；审结7168992件，同比上升6.25%。其中，审结一审民商事案件6558621件，同比上升7.3%，案件标的金额10156.59亿元，同比上升11.16%。

（一）民事审判工作

2011年，全国各级人民法院正确把握经济社会发展新形势，充分发挥民事审判职能作用，为促进发展、维护稳定、保障民生提供了强有力的司法保障。从总体上看，民事审判工作发展态势良好，制度建设推进有序。

1. 案件审判情况

——依法审理婚姻家庭和继承纠纷案件。各级人民法院在审判中注重保护妇女、老人和未成年人的合法权益，依法、稳妥审理婚姻家庭和继承纠纷案件，促进家庭和睦，维护社会稳定。全年共审结婚姻家庭和继承纠纷案件

1609801 件①，同比上升 12.7%。其中，离婚纠纷案件 1202007 件，同比上升 2.84%；赡养、抚养和扶养纠纷案件 72542 件，同比下降 6.1%；继承纠纷案件 131840 件，同比上升 1.7 倍。

2011 年人民法院审结一审婚姻家庭和继承案件情况

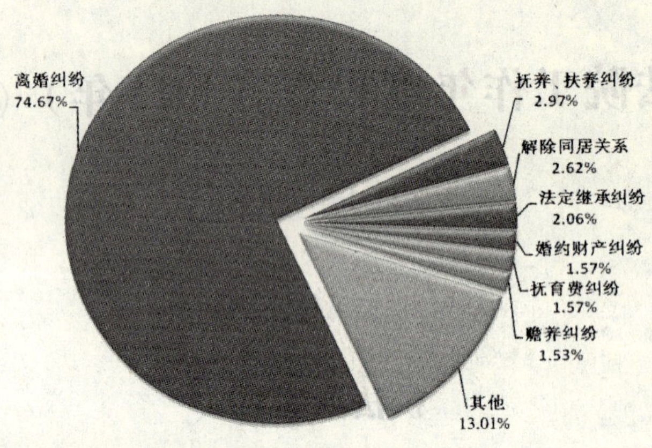

——依法审理劳动争议案件。各级人民法院坚持保障劳动者合法权益与用人单位生存发展并重的理念，全年共审结劳动争议案件 304228 件，同比下降 7.08%，依法保护劳动者合法权益，促进企业健康发展，推动建立和谐稳定劳动关系。

——依法审理涉农案件。各级人民法院依法保障农民合法权益，维护农村社会稳定，促进农业健康发展，全年共审结涉农案件 223849 件，同比下降 6.31%。其中，农村承包合同纠纷案件 34652 件，同比下降 10.23%；宅基地纠纷案件 3173 件，同比下降 20.77%。

——依法审理侵权案件。各级人民法院注重保障人民群众生命健康权和财产权，全年共审结侵权类纠纷案件 1468206 件，同比上升 13.43%。其中，道路交通事故赔偿案件 735083 件，同比上升 20.9%；财产损害赔偿案件 146285 件，同比下降 2.24%；财产权属纠纷案件 48940 件，同比下降 19.97%；医疗损害赔偿纠纷案件 17277 件，同比上升 1.88%；产品责任案件 6981 件，同比上升 33.94%；环境污染损害赔偿案件 1883 件，同比下降 7.38%。

① 如无特殊说明，指审结一审案件情况，下同。

——依法审理房地产案件。各级人民法院切实贯彻落实房地产调控政策，妥善审理房屋买卖、租赁，国有土地使用权出让、转让以及建设工程纠纷案件。其中，审结房地产开发经营合同纠纷案件 128050 件，同比下降 0.09%；商品房预售合同纠纷案件 81409 件，同比上升 4.57%；建设工程合同纠纷案件 77490 件，同比下降 6.03%；房屋拆迁合同纠纷案件 17128 件，同比上升 3.67%；土地使用权转让合同纠纷案件 2278 件，同比上升 3.59%；土地使用权出让合同纠纷案件 1440 件，同比下降 13.36%。依法保障了人民群众的居住权益，促进了房地产业健康发展和城乡建设的顺利进行。

——依法审理民间借贷纠纷案件。各级人民法院维护合法有序的民间借贷关系，保护合法民间借贷行为和当事人的合法权益，促进实体经济健康发展。全年共审结民间借贷案件 594068 件，同比上升 3.7%。

2011 年人民法院审结一审权属、侵权及其他民事案件情况

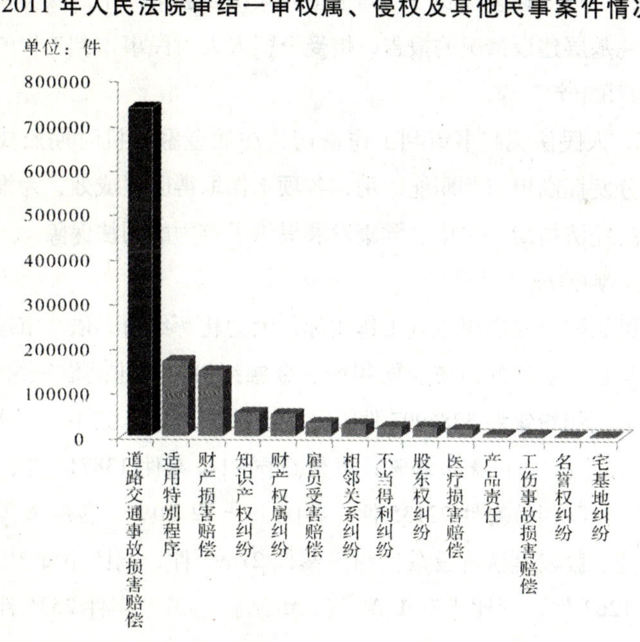

2. 制度建设和落实情况

——针对经济社会发展和民生领域的新情况、新问题及时制定司法解释和规范性文件。发布《关于适用〈中华人民共和国婚姻法〉若干问题的解释（三）》，统一和规范各级人民法院对此类案件的审理，认真对待社会公众对于司法解释有关内容的关切，不断总结相关审判经验，回应公众相关诉求。下发《关于依法妥善审理民间借贷纠纷案件促进经济发展维护社会稳定的通知》，妥善化解民间借贷纠纷，促进经济发展，维护社会稳定。与司法部联合发布《关于认真贯彻实施〈中华人民共和国人民调解法〉加强和创新社会管理的意见》，推动矛盾纠纷解决机制的多元化和规范化。发布《关于新形势下进一步加强人民法院基层基础建设的若干意见》，加大人民法院基层基础建设力度。针对房地产市场、劳务派遣和劳动监察等有关问题，向有关部门提出司法建议，促进经济社会协调有序发展。

——进一步加大对民事审判工作的监督指导力度。2011 年 6 月，最高人民法院召开全国民事审判工作会，确定今后一段时期民事审判工作的总体思路，下发《全国民事审判工作会议纪要》，就当前民事审判中突出存在的热点、难点问题提出指导意见，统一裁判标准，提高案件审理质量。2011 年 10 月，最高人民法院王胜俊院长专门向全国人大常委会第二十三次会议作了关于加强人民法院基层建设情况的报告，接受全国人大对民事审判工作的监督。

（二）商事审判工作

2011 年，人民法院商事审判工作密切关注后金融危机时期宏观经济形势的变化，充分发挥商事审判职能作用，各项工作取得明显成效，为维护市场经济秩序，保持经济持续、平稳、健康发展提供了有力的司法保障。

1. 案件审判情况

各级人民法院立足商事审判工作实际，大力化解纠纷，依法审理了大量因宏观经济形势变化引发的投资合同纠纷、金融纠纷、企业间借贷纠纷等案件，全年共审结合同纠纷案件 3286997 件，同比上升 1. 46%。其中，买卖合同纠纷案件 526367 件，同比下降 5. 25%；电信合同纠纷案件 138711 件，同比上升 5. 81%；保险合同纠纷案件 72135 件，同比上升 22. 50%。各级人民法院依法审结股份转让、股权确认等股东权纠纷案件 21691 件，同比下降 19. 34%；证券纠纷案件 1263 件，同比上升 1. 24 倍。审结企业破产案件 2531 件，同比下降 29. 04%。

2011 年增幅或降幅较大的合同纠纷案件情况

案件类型	结案（件）	同比增减变化
仓储、保管合同	3407	29.30%
保险合同	72135	22.50%
海商合同	7165	18.86%
服务合同	226328	17.58%
居间合同	10733	6.14%
农村承包合同	34652	-10.23%
运输合同	21230	-12.37%
供用电水气热力合同	69081	-12.73%
借用合同	2644	-21.71%
储蓄存款合同	2822	-37.58%

2. 制度建设和落实情况

——及时制定司法解释和规范性文件。发布《关于适用〈中华人民共和国公司法〉若干问题的规定（三）》，就人民法院审理公司设立、出资、股权确认等纠纷案件适用法律问题作出统一规定。发布《关于适用〈中华人民共和国企业破产法〉若干问题的规定（一）》，就破产原因的判断标准、申请破产应提交的材料等问题作出了规定。制定《人民法院破产程序法律文书样式（试行）》、《管埋人破产程序工作文书样式（试行）》，召开全国法院审理企业破产案件工作座谈会，充分发挥人民法院审理企业破产案件的职能作用，维护企业相关者的利益。下发《关于审理涉及中国农业银行股份有限公司处置股改剥离不良资产案件适用相关司法解释和司法政策的通知》，确保不良资产处置工作的顺利进行。

——认真开展审判指导。最高人民法院加大对全国商事审判法官的培训指导力度，对 21 个省市区三级法院从事商事审判的 5000 余名法官进行了辅导培训。与相关部门联合举办法院系统期货业务知识培训班，促进法官将商事金融基本理论与审判实践更好结合。向全国法院征集商事审判疑难问题，对 700 多个疑难问题积极开展调研并采取适当形式逐步解决。加快推进人民法院“案例教程”系列的编撰，认真做好《中国商事审判年鉴（2010 年卷）》的编辑工作，通过总结相关经验和公布指导性案例等促进司法裁量标准的统一。

——针对经济发展和社会转型引发的新情况、新问题及时开展工作。加强对银行卡法律纠纷问题的调研，充分征求相关部门意见，更好解决银行卡法律纠纷，力求妥善平衡银行、商业企业和消费者间的利益。深入调研保险合同纠纷、融资租赁合同纠纷、仓储及物流合同纠纷法律适用问题，积极开展有关司法对策的研究制定。江苏省高级人民法院开展“发挥司法职能，维护金融安全，促进金融业健康发展”专项调研，形成了《当前金融形势下涉诉矛盾问题调查报告》，为防范金融风险及时提出预警和对策建议，制作了《民营企业内部治理法律风险提示》，并向企业发放，有利于民营企业防范内部治理法律风险，提高企业运行效率。

——积极为党和政府重大决策提供建议。最高人民法院就规范和有条件放开企业间借贷活动、规范不动产统一登记制度、规范国有资产转让行为、规范特殊交易登记制度等人民法院无法单独解决的问题向国务院等有关部门提出建议，推动有关问题及时、妥当解决。山东省高级人民法院针对当前民间资本活跃、监管相对薄弱的情况，从立法监管、政策扶持、风险控制等方面向省政府提出建议，为规范小额贷款公司等的运营提供法律支持。

（三）知识产权审判工作

2011 年，各级人民法院深入贯彻实施国家知识产权战略，充分发挥司法保护知识产权的主导作用，坚持能动司法，服务大局，开拓创新，为我国经济社会发展和创新型国家建设提供了坚强有力的司法保障。

1. 案件审判情况

各级人民法院始终坚持以执法办案为第一要务，切实担负起司法保护知识产权的法律职责，司法保护知识产权的主导作用日益凸显。

——知识产权民事审判的主渠道作用得到进一步增强。各级人民法院审结知识产权民事案件 57068 件，同比上升 36.79%；审结涉外知识产权民事案件 1296 件，同比下降 5.33%；审结涉港澳台知识产权民事案件 619 件，同比上升 122.66%。坚持法律效果与社会效果的统一，努力实现知识产权诉讼调解工作的制度化和规范化，全国知识产权民事案件一审调撤率达到 71.32%，同比上升 4.56 个百分点。

——知识产权行政审判对行政执法行为的监督和支持作用进一步发挥。各级人民法院审结知识产权行政案件2470件，同比上升3.3%。其中，审结涉外知识产权行政案件986件，涉港澳台知识产权行政案件251件。

——知识产权刑事司法保护力度进一步加大。人民法院积极参与打击侵犯知识产权和制售假冒伪劣商品专项行动，知识产权刑事审判惩治和震慑侵犯知识产权犯罪的功能得到有效发挥。各级人民法院共审结知识产权刑事案件5504件，同比上升39.62%，判处罪犯7892人。

2007年－2011年人民法院审结各类知识产权案件情况

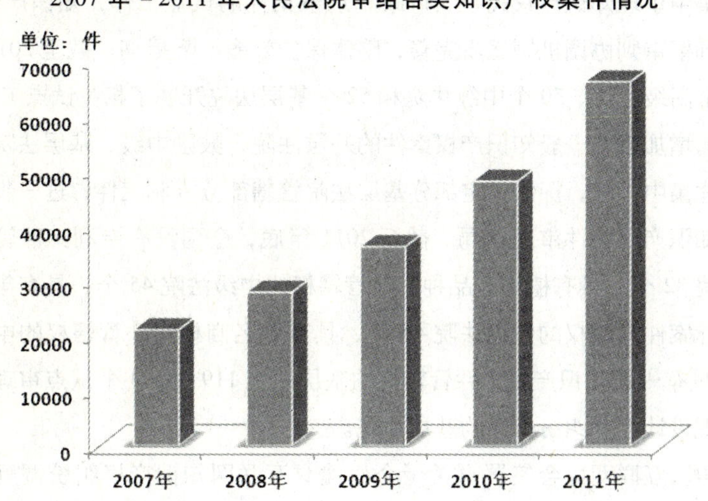

2. 制度建设和落实情况

——发挥知识产权审判服务科技进步、知识创新和文化发展的保障和服务功能。发布《关于充分发挥知识产权审判职能作用推动社会主义文化大发展大繁荣和促进经济自主协调发展若干问题的意见》，大力加强知识产权司法保护，注重激励文化发展和科技进步。组织开展“加强知识产权司法保护，促进经济发展方式转变”年度主题活动，在知识产权司法保护领域深入推进三项重点工作，积极促进科技进步和自主创新。密切关注审判中反映出的知识产权侵权动向、知识产权诉讼风险、管理漏洞等，及时向有关企业和部门提出司法建议。江苏、浙江等地法院还根据地区知识产权保护的特点和实际，开展特色审判，因地制宜地提出工作措施，通过依法保护知识产权引导、规范、促进和保障地方特色经济发展。

——提高知识产权刑事司法保护水平。会同最高人民检察院、公安部发布《关于办理侵犯知识产权刑事案件适用法律若干问题的意见》，进一步明确了办理知识产权刑事案件中的法律适用问题，依法惩治侵犯知识产权犯罪活动，维护社会主义市场经济秩序。发布《关于进一步做好打击侵犯知识产权和制售假冒伪劣商品专项行动的通知》，对人民法院深入开展打击侵犯知识产权和制售假冒伪劣商品专项行动进行全面部署，切实做好侵犯知识产权和制售假冒伪劣商品刑事审判工作。

——推动建立科学的知识产权审判体制和工作机制。积极推进由知识产权审判庭集中审理知识产权民事、行政和刑事案件的试点工作，知识产权民事、行政和刑事审判协调机制逐步完善，整体保护效能不断提高。截至2011年底，已有5个高级法院、50个中级法院和52个基层法院开展了相关试点工作。

适当增加管辖一般知识产权案件的基层法院，鼓励中级、基层法院开展跨地区划片集中管辖，探索指定部分基层法院管辖部分专利案件，进一步优化全国法院知识产权案件审理格局。截至2011年底，全国具有专利案件管辖权的中级法院82个、具有植物新品种案件管辖权的中级法院45个、具有集成电路布图设计案件管辖权的中级法院46个、具有驰名商标案件管辖权的中级法院41个、具有一般知识产权案件管辖权的基层法院119个、3个试点审理实用新型和外观设计专利纠纷案件的基层法院。

与中国互联网协会签署《关于合作建立互联网知识产权纠纷调解机制备忘录》，充分发挥行业协会在知识产权纠纷中的调解作用，为当事人提供更多可供选择的纠纷解决方式。

积极探索建立和完善案件技术事实查明机制，北京、上海、河北、广西、山西等地法院建立技术专家咨询库，完善专家陪审员和专家证人制度，不断提高技术类案件审判质量。

——加强对知识产权审判工作的监督和指导。不断拓宽知识产权审判业务指导途径，规范业务指导方式，采取发布指导性文件、公布参考性案例、召开审判业务会议、组织法官培训等多种形式，切实担负起对下级法院进行业务指导的职责。充分发挥典型案例的引导和示范作用，发布《最高人民法院知识产权案件年度报告（2010）》、2010年中国法院知识产权司法保护十大案件和五十个典型案例，进一步明确一系列新型、复杂、疑难案件的裁判规则。

——加强知识产权司法公开力度。通过新闻发布会制度、法院开放日活动、网络直播等多种方式提高知识产权审判工作透明度；发布《中国法院知识产权司法保护状况（2010年）》白皮书（中英文），开通升级改版的“中国知识产权裁判文书网”，及时向社会发布知识产权审判工作进展和裁判信息；积极参与“4.26”全国知识产权宣传周活动，取得良好的社会效果。

——实施加强知识产权审判基层基础建设“三五工程”。在北京大学、中国人民大学、华东政法大学、西南政法大学、深圳大学设立知识产权司法保护理论研究基地；在已设立中国知识产权司法保护（苏州）调研基地的基础上，增设青岛、深圳、长沙、成都四个调研基地；决定北京市朝阳区、上海市浦东新区、江苏省苏州市虎丘区、浙江省义乌市、湖北省武汉市江岸区人民法院为知识产权审判基层示范法院。

（四）涉外、涉港澳台民商事和涉外海事审判工作

2011年，各级人民法院充分发挥涉外商事海事审判职能作用，妥善应对因国际、国内宏观经济环境变化引发的各种矛盾纠纷，依法促进对外开放，保障国际经贸及航运秩序，维护国家经济安全，推动海峡两岸经济合作与港澳经济繁荣，加强海洋生态环境司法保护，开创了新时期涉外商事海事审判工作的新局面。

1. 案件审判情况

2011年，各级人民法院审结涉外、涉港澳台民商事及海事案件36230件，同比上升11.81%。其中，审结涉外、涉港澳台民商事案件27944件，同比上升11.26%。

——加强涉外民商事案件的审理。各级人民法院依法行使司法管辖权，认真执行《涉外民事关系法律适用法》，正确适用法律和国际条约，平等保护中外当事人的合法权益，审结涉外民商事案件14045件，同比上升8.28%。其中，审结涉外合同纠纷案件4727件，信用证纠纷案件193件，涉外权属、侵权纠纷及其他民事纠纷案件4450件，办理申请承认与执行外国法院民商事判决案件1767件。

——依法审理涉外海事海商案件。依法审结海事海商案件8286件，同比上升13.71%。其中，涉及船舶碰撞、船舶及港口作业污染损害赔偿等海事侵权案件1048件，涉及海上货物运输合同、海上保险合同、船舶建造和买卖合同等海商合同纠纷案件7160件，有效维护海洋生态环境，规范海上航运市场秩序。调解结案2303件，撤诉结案2933件，调撤率为63.19%，以低成本、

高效率妥善化解了社会矛盾纠纷。

——认真审理涉港澳台民商事案件。各级人民法院审结涉港民商事案件8341件，同比上升4.63%；审结涉澳民商事案件518件，同比上升22.75%；审结涉台民商事案件5040件，同比上升34.4%。涉港澳台民商事案件的依法公正审理，保障了两岸四地经贸合作交往的持续健康发展。

2. 制度建设和落实情况

——适时制定司法解释和规范性文件。下发《关于认真学习贯彻执行〈中华人民共和国涉外民事关系法律适用法〉的通知》，确保我国首部涉外民事关系单行立法在审判实践中得到正确实施。发布《关于审理海上货运代理相关纠纷案件若干问题的规定》，积极应对货运代理纠纷增长迅猛的新态势。下发《关于加强涉台民商事案件审判管理有关问题的通知》，规范涉台送达和区际冲突的准据法适用，建立涉台民商事案件沟通协调机制。发布《关于海事法院人民陪审员选任工作的意见（试行）》，保障海事法院跨行政区域设置体制下人民陪审员制度的有效实施。

——重点开展水资源司法保护专项工作。贯彻实施《关于审理船舶油污损害赔偿纠纷案件若干问题的规定》，完善统一油污损害赔偿纠纷审理规则。加强对油污案件的调处力度和审判指导，妥善处理了杰斯航运"NOBEL"轮、"希尔瓦保罗"轮、"塔斯曼海"轮等一批油污损害赔偿案件，有序指导环渤海湾地区法院积极稳妥受理海上污染案件。探索建立跨行政区域水资源司法保护机制，加快与环保、海洋等行政执法相协调的配合机制的建设。推动环境公益诉讼制度的构建，从诉讼程序上解决水资源司法保护的瓶颈问题。

——深化两岸及内地与港澳间司法协助和交流。发布《关于人民法院办理海峡两岸送达文书和调查取证司法互助案件的规定》及24种文书格式，人民法院涉台司法互助工作更加规范有效。组织召开全国法院涉港澳台工作暨涉台司法互助工作电视电话会议，建立健全涉台司法互助工作机制。自《海峡两岸共同打击犯罪及司法互助协议》生效以来，人民法院办理的涉台司法互助案件已超过1.5万件，工作质量和效率稳步提升。努力推进涉港澳司法协助安排的商签，并在已有司法协助安排框架下积极开展司法合作。两岸及内地与港澳间司法交流规范有序进行，司法高层互动频繁，以"现代司法制度下调解之应用"为题成功举办了首届海峡两岸暨香港澳门司法高层论坛，实现了两岸和港澳司法高层首次同时、同场聚首，推动两岸及港澳间司法交流交往的机制化和常态化。

——加大对外向型经济的司法服务力度。各地法院结合区域经济发展特点，制定专门措施，高效稳步推进当地外向型经济的协调可持续发展。上海法院建立行政审批和司法审判合作交流机制，加强外资、侨资权益保护；山东法院出台司法保障和服务措施，发挥服务山东半岛蓝色经济区建设的职能作用；云南法院进一步做好边境地区涉外民商事案件审判工作，规范和促进该省边境地区的经贸往来；辽宁法院开展"万名法官进百企、走千村、访万户"活动，积极支持外资参与东北老工业基地振兴；浙江宁波海事法院加强司法应对，解决因经济形势不稳定造成的涉船企业涉诉纠纷增多的新情况、新问题；北京、重庆、天津等地法院分别建立涉外、涉港澳台商事纠纷委托调解机制，探索完善以司法为主导的多元纠纷解决机制；江苏、福建等地法院针对涉台案件采取开设立案绿色通道，建立诉调对接工作机制，发布审判工作白皮书，聘请台籍居民担任特邀调解员等措施，为台商台企提供有力司法服务。

（摘自最高人民法院《人民法院年度报告（2011 年）》）

最高人民法院
关于依法妥善审理民间借贷纠纷案件促进经济发展维护社会稳定的通知

2011 年 12 月 2 日　　　　法〔2011〕336 号

各省、自治区、直辖市高级人民法院，解放军军事法院，新疆维吾尔自治区高级人民法院生产建设兵团分院：

当前我国经济保持平稳较快发展，整体形势良好，但是受国际国内经济形势变化等多种因素的影响，一些地方出现了与民间借贷相关的债务不能及时清偿、债务人出逃、中小企业倒闭等事件，对当地经济发展和社会稳定造成了较大冲击，相关纠纷案件在短期内大量增加。为践行能动司法理念，充分发挥审判职能作用，妥善化解民间借贷纠纷，促进经济发展，维护社会稳定，现将有关事项通知如下：

一、高度重视民间借贷纠纷案件的审判执行工作。民间借贷客观上拓宽了中小企业的融资渠道，一定程度上解决了部分社会融资需求，增强了经济运行的自我调整和适应能力，促进了多层次信贷市场的形成和发展，但实践中民间借贷也存在着交易隐蔽、风险不易监控等特点，容易引发高利贷、中小企业资金链断裂甚至破产以及非法集资、暴力催收导致人身伤害等违法犯罪问题，对金融秩序乃至经济发展、社会稳定造成不利影响，也使得人民法院妥善化解民间借贷纠纷的难度增加。因此，人民法院应当高度重视民间借贷纠纷案件的审判执行工作，将其作为“为大局服务，为人民司法”的重要工作内容，作为深入推进三项重点工作的重要切入点，通过依法妥善审理民间借贷纠纷，规范和引导民间借贷健康有序发展，切实维护社会和谐稳定。

二、做好民间借贷纠纷案件的立案受理工作。当事人就民间借贷纠纷起诉的，人民法院要依据民事诉讼法的有关规定做好立案受理工作。立案时要认真进行审查，对于涉嫌非法集资等经济犯罪的案件，依法移送有关部门处理；对于可能影响社会稳定的案件，及时与政府及有关部门沟通协调，积极配合做好相关预案工作，切实防范可能引发的群体性、突发性事件。

三、依法惩治与民间借贷相关的刑事犯罪。人民法院在审理与民间借贷相关的非法集资等经济犯罪案件时，要依照《最高人民法院关于在审理经济纠纷案件中涉及经济犯罪嫌疑若干问题的规定》的有关规定，根据具体情况分别处理。对于非法集资等经济犯罪案件，要依法及时审判，切实维护金融秩序。对于与民间借贷相关的黑社会性质的组织犯罪及其他暴力性犯罪，要依法从严惩处，切实维护人民群众人身财产安全。要严格贯彻宽严相济的刑事政策，注意区分性质不同的违法犯罪行为，真正做到罚当其罪。

四、依法妥善审理民间借贷纠纷案件。人民法院在审理民间借贷纠纷案件时，要严格适用民法通则、合同法等有关法律法规和司法解释的规定，同时注意把握国家经济政策精神，努力做到依法公正与妥善合理的有机统一。要依法认定民间借贷的合同效力，保护合法借贷关系，切实维护当事人的合法权益，确保案件处理取得良好的法律效果和社会效果。对于因赌博、吸毒等违法犯罪活动而形成的借贷关系或者出借人明知借款人是为了进行上述违法犯罪活动的借贷关系，依法不予保护。

五、加大对民间借贷纠纷案件的调解力度。人民法院审理民间借贷纠纷案件，要深入贯彻“调解优先、调判结合”工作原则。对于涉及众多出借人或者借款人的案件、可能引发工人讨薪等群体性事件的案件、出借人与借款人之间情绪严重对立的案件以及判决后难以执行的案件等，要先行调解，重点调解，努力促成当事人和解。要充分借助政府部门、行业组织、社会团体等各方面力量，加强与人民调解、行政调解的程序对接，形成化解矛盾的最大合力，共同维护社会和谐稳定。

六、依法保护合法的借贷利息。人民法院在审理民间借贷纠纷案件时，要依法保护合法的借贷利息，依法遏制高利贷化倾向。出借人依照合同约定请求支付借款利息的，人民法院应当依据合同法和《最高人民法院关于人民法院审理借贷案件的若干意见》第6条、第7条的规定处理。出借人将利息预先在本金中扣除的，应当按照实际借款数额返还借款并计算利息。当事人仅约定借期内利率，未约定逾期利率，出借人以借期内的利率主张逾期还款利息的，依法予以支持。当事人既未约定借期内利率，也未约定逾期利率的，出借人参照中国人民银行同期同类贷款基准利率，主张自逾期还款之日起的利息损失的，依法予以支持。

七、注意防范、制裁虚假诉讼。人民法院在审理民间借贷纠纷案件过程中，要依法全面、客观地审核双方当事人提交的全部证据，从各证据与案件事实的关联程度、各证据之间的联系等方面进行综合审查判断。对形式有瑕疵的“欠条”或者“收条”，要结合其他证据认定是否存在借贷关系；对现金交付的借贷，可根据交付凭证、支付能力、交易习惯、借贷金额的大小、当事人间关系以及当事人陈述的交易细节经过等因素综合判断。发现有虚假诉讼嫌疑的，要及时依职权或者提请有关部门调查取证，查清事实真相。经查证确属虚假诉讼的，驳回其诉讼请求，并对其妨害民事诉讼的行为依法予以制裁；对于以骗取财物、逃废债务为目的实施虚假诉讼，构成犯罪的，依法追究刑事责任。

八、妥善适用有关司法措施。对于暂时资金周转困难但仍在正常经营的借款人，在不损害出借人合法权益的前提下，灵活适用诉讼保全措施，尽量使该借款人度过暂时的债务危机。对于出借人举报的有转移财产、逃避债务可能的借款人，要依法视情加大诉讼保全力度，切实维护债权人的合法权益。在审理因民间借贷债务而引发的企业破产案件时，对于符合国家产业政策且具有挽救价值和希望的负债中小企业，要积极适用重整、和解程序，尽快实现企业再生；对没有挽救希望，必须通过破产清算退出市场的中小企业，要制定综合预案，统筹协调，稳步推进，切实将企业退市引发的不良影响降到最低。

九、积极促进建立健全民间借贷纠纷防范和解决机制。人民法院在化解民间借贷纠纷的工作中，要紧紧围绕党和国家工作大局，紧紧依靠党委领导和政府支持，积极采取司法应对措施，全力维护社会和谐稳定。要加强与政府有关职能部门的沟通协调，充分发挥联动效能。要建立和完善系列案件审判执行统一协调机制，避免因裁判标准不一致或者执行工作简单化而激化社会矛盾。要结合民间借贷纠纷案件审判工作实际，及时提出司法建议，为有关部门依法采取有效措施提供参考。要加强法制宣传，特别是对典型案件的宣传，引导各类民间借贷主体增强风险防范意识，倡导守法诚信的社会风尚。

十、加强对民间借贷纠纷案件新情况新问题的调查研究。人民法院在民间借贷纠纷案件的审判工作中，要认真总结审判经验，密切关注各类敏感疑难问题和典型案件，对审理民间借贷纠纷案件过程中出现的新情况新问题，要认真分析研究成因，尽早提出对策，必要时及时层报最高人民法院。

解读——《最高人民法院关于依法妥善审理民间借贷纠纷案件 促进经济发展维护社会稳定的通知》

罗东川* 吴兆祥** 陈龙业***

2011年12月5日，最高人民法院制定了《关于依法妥善审理民间借贷纠纷案件促进经济发展维护社会稳定的通知》（以下简称《通知》）。这是人民法院积极践行能动司法理念、充分发挥审判职能作用的重要举措，也是指导全国法院积极应对当前民间借贷有关问题，妥善化解矛盾纠纷，促进经济发展，维护社会稳定的重要文件。为便于审判实践中正确理解和把握《通知》的有关内容，现就《通知》的起草背景及主要内容进行简要说明。

一、《通知》的起草背景

为了加强对民间借贷纠纷案件的审判指导工作，最高人民法院曾于1991年制定了《最高人民法院关于人民法院审理借贷案件的若干意见》，后续又出台了《最高人民法院关于对企业借贷合同借款方逾期不归还借款的应如何处理的批复》、《最高人民法院关于如何确认公民与企业之间借贷行为效力问题的批复》等文件。这些司法解释及规范性文件，基本涵盖了民间借贷纠纷案件有关的法律适用问题，为各地法院正确、及时地审理各类民间借贷纠纷案件提供了具有可操作性的裁判依据，对于指导各地法院依法审理民间借贷纠纷案件，妥善化解矛盾纠纷，保障法律适用的统一性，发挥了重要作用。但随着近年来市场经济的飞速发展，当前民间借贷市场已经发生了很大变化：民间借贷趋于规模化、组织化、职业化，融资中介机构从业人员深度参与；社会公众参与度高，企业参与民

* 最高人民法院研究室副主任、法研所所长，审判员，法学博士。

** 最高人民法院研究室民事处处长，审判员，法学博士。

*** 最高人民法院研究室助理审判员，法学博士。

间借贷较为普遍；高利贷现象普遍存在；民间借贷资金投向炒房、炒股等非实体经济的比例比较大；涉及非法集资等刑事犯罪的情形比较普遍；民间借贷案件数量快速增加，审理难度比较大、虚假诉讼问题比较突出。这些问题的出现，对局部地区经济社会有明显影响，尤其对于当地投资于炒房的非实体经济会有较大影响，对当地社会稳定的影响比较大，可能引发大量群体性事件；刑事案件可能会多发，当地打击刑事犯罪、维护社会治安的压力加大；民间借贷案件数量激增，法院审判压力大。特别是2011年4月份以来，受国际国内经济形势变化、中小企业融资难等因素的影响，浙江的温州、台州以及内蒙古的鄂尔多斯、河南的安阳等许多地方出现了因民间借贷问题导致的债务到期不能清偿、债务人出逃、中小企业资金链断裂甚至倒闭等事件，造成了局部地区经济社会的不稳定。为了积极应对当前出现的民间借贷有关问题，加强审判指导，最高人民法院成立了专题调研工作小组，做好相关司法应对工作。经过广泛调研并征求各有关方面意见，起草了本《通知》。

《通知》从高度重视民间借贷纠纷案件的审判执行工作、做好民间借贷纠纷案件的立案受理工作、依法惩治与民间借贷相关的刑事犯罪、依法妥善审理民间借贷纠纷案件、加大对民间借贷纠纷案件的调解力度、依法保护合法的借贷利息、注意防范制裁虚假诉讼、妥善适用有关司法措施、积极促进建立健全民间借贷纠纷防范和解决机制、加强对民间借贷纠纷案件新情况新问题的调查研究等十个方面，将做好民间借贷纠纷案件的审判执行工作与“为大局服务，为人民司法”工作主题和深入推进社会矛盾化解、社会管理创新、公正廉洁执法三项重点工作有机结合起来。《通知》的出台，为指导全国法院依法稳妥地处理好民间借贷相关纠纷案件提供了具体的指导意见。

二、《通知》的主要内容

（一）关于民间借贷的基本定位

近期中国人民银行有关负责人就民间借贷问题答记者问时指出，民间借贷是正规金融有益和必要的补充。我们认为此种说法非常有道理。民间借贷在我国社会的存在，有着很深的社会基础，是民间财富逐步积累、产业资本向金融资本转化、正规金融尚不能完全满足社会需要等多种因素综合作用的结果，带有一定的必然性。现在民间借贷已经从传统意义上的个人之间为满足生活需要而发生的借贷关系扩展至为生产需要而发生的借贷关系，在主体方面，更多地体现为发生在企业之间或企业与个人之间的借贷关系。

民间借贷的存在有其积极意义，在一定程度上解决了部分社会融资需求，客观上拓宽了中小企业的融资渠道，缓解了一些中小企业的融资难，增强了经济运行的自我调整和适应能力，促进了多层次信贷市场的形成和发展。但同时，民间借贷也存在着自发性、不规范性、交易隐蔽、风险不易监控等特点，也会有负面作用，容易引发高利贷、中小企业资金链断裂甚至破产等问题，滋生集资诈骗、非法吸收公众存款等犯罪，对金融秩序乃至经济发展、社会稳定造成不利影响。鉴于民间借贷既有积极作用又会有负面影响，对民间借贷采取的基本态度应该是规范和引导，妥善化解民间借贷矛盾纠纷，积极促进民间借贷规范化阳光化发展，促进经济发展，维护社会稳定。

（二）关于做好民间借贷纠纷案件立案工作的问题

这是依法审理民间借贷纠纷案件，妥善化解相关纠纷的前提条件。《通知》对此有如下要求：

1. 依法审查。《中华人民共和国民事诉讼法》（以下简称民事诉讼法）第一百零八条规定："起诉必须符合下列条件：（一）原告是与本案有直接利害关系的公民、法人和其他组织；（二）有明确的被告；（三）有具体的诉讼请求和事实、理由；（四）属于人民法院受理民事诉讼的范围和受诉人民法院管辖。"当事人就民间借贷纠纷起诉的，人民法院要依据民事诉讼法第一百零八条等规定进行审查，认为符合起诉条件的，予以立案；认为不符合起诉条件的，应当裁定不予受理。

2. 注意发现非法集资、非法吸收公众存款等经济犯罪的案件及可能影响社会稳定的案件。调研发现，民间借贷纠纷案件往往会涉及到集资诈骗、非法吸收公众存款等经济犯罪或者涉及不特定多数的出借人，容易引发群体性事件，而由于当事人起诉的分散性，上述事实往往在个案中难以发现，而一旦作为普通民间借贷案件受理，往往会导致工作上的被动，不利于对此类纠纷的妥善处理，因此，《通知》要求人民法院在立案审查时要注意甄别上述情况，谨慎处理。

3. 对有上述经济犯罪嫌疑及可能影响社会稳定的案件的处理。对于前者，要及时移送公安等部门处理；对于后者，要在及时与政府及有关部门沟通协调，积极配合做好相关预案工作的同时，做好立案工作，切实防范可能引发的群体性、突发性事件。

（三）关于依法审理民间借贷纠纷案件的问题

民间借贷纠纷案件的审理工作，

是妥善化解相关纠纷矛盾的核心环节。《通知》对此提出了如下要求：

1. 依法审理。依法发挥审判职能作用，妥善化解纠纷，这属于人民法院履行相应职责的基本要求，也是妥善化解民间借贷纠纷、保护合法借贷关系、维护社会和谐稳定的基础。但是司法实践中确实存在着一些与法律、行政法规和司法解释有关规定不一致的地方，有必要重申人民法院审理民间借贷纠纷案件应当严格依法进行。比如，关于夫妻一方对外借贷的债务认定问题，《最高人民法院关于适用〈中华人民共和国婚姻法〉若干问题的解释（二）》第二十四条规定："债权人就婚姻关系存续期间夫妻一方以个人名义所负债务主张权利的，应当按夫妻共同债务处理。但夫妻一方能够证明债权人与债务人明确约定为个人债务，或者能够证明属于婚姻法第十九条第三款规定情形的除外。"但有些地方却将夫妻一方对外举债，以认定个人债务为原则，并将对认定夫妻共同债务的举证责任分配给出借人承担。法律适用不一致问题的存在，会导致不同地方出现同案不同判的情形，影响司法的公信力和权威性。

2. 有效规制因赌博、吸毒贩毒等违法犯罪活动而借款的行为。调研发现，浙江、广东等一些地方赌博风气比较重，因赌博、吸毒贩毒等违法犯罪活动借高利贷的情形较多，借款人往往会因无力偿还债务而导致纠纷，有必要对这类行为予以规制。《最高人民法院关于人民法院审理借贷案件的若干意见》第十一条规定的"出借人明知借款人是为了进行非法活动而借款的，其借贷关系不予保护"，应予严格适用。同时，对于因赌博、吸毒等违法犯罪活动而形成的借贷关系，比如赌债等，也应不予保护。这对于打击赌博、吸毒贩毒等违法犯罪活动，维护社会稳定也具有积极意义。

3. 依法防范、制裁虚假诉讼。调研发现，在民间借贷纠纷案件中，虚假诉讼问题比较突出，经常会出现原、被告双方对借据无异议的"手拉手"诉讼，被告下落不明或者拒不应诉的情况也较为普遍，有必要采取针对性的措施予以规制。一方面，要依法全面、客观地审核双方当事人提交的全部证据，加大依职权调查取证的力度，注意从各证据与案件事实的关联程度、各证据之间的联系等方面进行综合审查判断，尽量做到防患于未然。另一方面，要依法加大制裁力度，对于经查证确属虚假诉讼的，要驳回原告的诉讼请求；构成妨害民事诉讼的，应当依照民事诉讼法的相关规定，予以制裁；对于以骗取财物、逃废债务为目的实施虚假诉讼，构成犯罪的，要依照刑法相关规定，追究刑事责任。

（四）关于民间借贷利息的处理问题

如上所述，民间借贷对我国当前经济社会生活具有积极作用，对于民间借贷的合法利息应当予以保护，这是基本基调。但是，调研发现，高利贷现象在浙江、江苏、内蒙古等地的存在具有一定的普遍性，这也是导致民间借贷有关问题出现的重要原因。对此，温家宝总理即要求“采取有效措施遏制高利贷化倾向”。对此，《通知》提出了以下要求：

1. 对于出借人请求支付利息及有关复利问题的处理。《最高人民法院关于人民法院审理借贷案件的若干意见》第六条规定：“民间借贷的利率可以适当高于银行的利率，各地人民法院可根据本地区的实际情况具体掌握，但最高不得超过银行同类贷款利率的四倍（包含利率本数）。超出此限度的，超出部分的利息不予保护。”对于复利问题，其第七条规定：“出借人不得将利息计人本金谋取高利。审理中发现债权人将利息计入本金计算复利的，其利率超出第六条规定的限度时，超出部分的利息不予保护。”这些规定施行了近二十年，已深入人们的观念当中。《中华人民共和国合同法》（以下简称合同法）也专章规定了借款合同，其中对于借款利息问题也有不少涉及，比如第二百一十一条规定：“自然人之间的借款合同对支付利息没有约定或者约定不明确的，视为不支付利息。自然人之间的借款合同约定支付利息的，借款的利率不得违反国家有关限制借款利率的规定。”这些规定对民间借贷纠纷案件当然应予适用。此外，《中国人民银行关于取缔地下钱庄及打击高利贷行为的通知》（银发〔2002〕30号）也明确：“民间个人借贷利率由借贷双方协商确定，但双方协商的利率不得超过中国人民银行公布的金融机构同期、同档次贷款利率（不含浮动）的4倍。超过上述标准的，应界定为高利借贷行为。”对于约定的利率超出上述规定所明确的最高限度的利息部分，不予保护。而且，近期中国人民银行明确表示民间借贷的利率不能超过银行同类贷款利率的四倍。综上，《通知》吸收了上述内容精神，进一步明确了出借人依照合同约定请求支付借款利息的，人民法院应当依据合同法和《最高人民法院关于人民法院审理借贷案件的若干意见》第六条、第七条的规定处理。这也符合“采取有效措施遏制高利贷化倾向”的要求。

2. 对预扣利息情形的处理。依

照合同法第二百条的规定，对于利息预先在本金中扣除的情形，应当按照实际借款数额返还借款并计算利息。

3. 对于逾期利息的处理。对此，《通知》的基本态度是在当事人约定的借期内利息不违反强制性规定的前提下，未约定逾期利率，出借人以借期内的利率主张逾期还款利息的，依法予以支持。当事人既未约定借期内利率，也未约定逾期利率的，出借人参照中国人民银行同期同类贷款基准利率，主张自逾期还款之日起的利息损失的，依法予以支持。

（五）关于在民间借贷纠纷案件中如何贯彻“能动司法”理念的问题

坚持能动司法，是新形势下做好人民法院工作的必然选择。调研发现，由于我国浙江等地民间借贷的参与主体众多，中小企业深度参与，因资金链断裂导致民间借贷有关问题，往往会发生众多出借人甚至货物供应商等债权人讨债及工人讨薪问题，引发群体性、突发性和恶性事件，影响社会稳定。许多民间借贷纠纷案件，不单纯是民事问题，也涉及大量的刑事犯罪问题，不单纯是法律问题，更牵涉到改善投资环境、缓解中小企业融资难、企业破产重组以及突发性事件、群体性事件处置等经济问题和社会问题，仅靠司法力量往往无法妥善处理。《通知》从“为大局服务，为人民司法”的工作主题出发，按照能动司法的要求，就妥善化解民间借贷矛盾纠纷提出了指导意见：

1. 加大对民间借贷纠纷案件的调解力度。调解有利于化解社会矛盾，实现案结事了，有利于修复当事人之间的关系，实现和谐。《通知》要求人民法院在处理民间借贷纠纷案件时，要深入贯彻“调解优先、调判结合”工作原则。对于涉及众多出借人或者借款人的案件、可能导致债务人严重经营困难而引发工人讨薪等群体性事件的案件、出借人与借款人之间情绪严重对立的案件以及判决后难以执行的案件等，要先行调解、重点调解。要充分借助政府部门、行业组织、社会团体等各方面力量，完善与人民调解、行政调解等的诉调程序对接机制，采取多元化的纠纷解决方式，形成化解矛盾的最大合力，共同维护社会和谐稳定。

2. 妥善适用有关司法措施。由于不少地方中小企业深度参与民间借贷，中小企业资金链断裂导致的民间借贷有关问题，不仅会直接影响当地经济发展，往往也会影响当地社会稳定。有必要采取有针对性的司法应对措施，来有力地服务于支持中小企业发展的大局。一方面，要区分情形适用诉讼保全等措施，对于暂时资金周转困难但仍在正常经营的借款人，要在不损害债权人合法权益的前提下，依法视情况灵活适用诉讼保全措施。另一方面，要合理选择破产程序，对于符合国家产业政策且具有挽救价值和希望的负债中小企业，要积极适用重整、和解程序。

3. 积极促进建立健全民间借贷纠纷防范和解决机制。《通知》要求各级人民法院紧紧围绕党和国家工作大局，紧紧依靠党委领导和政府支持，积极采取司法应对措施，全力维护社会和谐稳定；建立健全系列案件审判执行统一协调机制，加强信息沟通，避免出现同案不同判的情形，依法平等保护各地当事人的合法权益；要加强与政府有关职能部门的沟通协调，充分发挥联动效能，形成化解纠纷的合力；结合民间借贷纠纷案件审判工作实际，加强调查研究，及时提出司法建议，为有关部门依法采取有效措施提供参考；加强法制宣传工作，积极引导各类民间借贷主体增强法律意识和风险防范意识。

（六）关于惩治与民间借贷相关刑事犯罪的问题

调研发现，许多民间借贷纠纷案件往往会涉及民刑交叉的问题，这在一定程度上也增加了化解民间借贷纠纷的困难，需要引起高度重视。由于民间借贷纠纷案件涉及到的民刑交叉问题，比如高利贷入罪问题等非常复杂，需要进一步深入研究。《通知》按照宽严相济刑事政策的要求，对当前比较紧迫的涉嫌经济犯罪的案件如何处理问题提出了以下指导意见：

1. 要依法妥善处理涉嫌经济犯罪的民间借贷纠纷案件。对此，《最高人民法院关于在审理经济纠纷案件中涉及经济犯罪嫌疑若干问题的规定》第十一条规定："人民法院作为经济纠纷受理的案件，经审理认为不属经济纠纷案件而有经济犯罪嫌疑的，应当裁定驳回起诉，将有关材料移送公安机关或者检察机关。"第十二条又规定："人民法院已立案审理的经济纠纷案件，公安机关或者检察机关认为有经济犯罪嫌疑，并说明理由附有关材料函告受理该案的人民法院的，有关人民法院应当认真审查。经过审查，认为确有经济犯罪嫌疑的，应当将案件移送公安机关或者检察机关，并书面通知当事人，退还案件受理费；如认为确属经济纠纷案件的，应当依法继续审理，并将结果函告有关公安机关或者检察机关。"这些规定对于妥善处理民间借贷案件涉嫌集资诈骗、非法吸收公众存款、高利转贷、洗钱等经济犯罪的民刑交叉案件具有重要指导意义，应予严格适用。

2. 要依法及时妥善审理与民间

借贷相关的经济犯罪案件。如上所述，民间借贷纠纷案件往往与非法吸收公众存款、集资诈骗、高利转贷、违法发放贷款等经济犯罪案件交织在一起，破坏了当地市场秩序尤其是金融秩序，因此要依法及时妥善地审理好这些案件，以有效维护金融市场秩序。在起草过程中，曾经提出对于民间借贷相关的经济犯罪案件，要"快审、快判"，但考虑到非法集资等经济犯罪案件由于涉案人数往往很多，举证方面也很有难度，要求快审、快判，不够合理，故最终将此确定为"依法及时审判"。

3. 要严惩与民间借贷相关的黑社会性质的组织犯罪及其他暴力性犯罪。民间借贷容易诱发黑社会性质的组织犯罪及故意伤害等暴力性犯罪，暴力催债现象比较普遍，严重威胁人民群众生命财产安全，影响局部地区的社会稳定。因此，有必要加大对此类犯罪行为的制裁力度，积极引导，理性、依法处理民间借贷纠纷。要求人民法院高度重视并严厉打击民间借贷中的暴力犯罪，在法定期限内及时审结，依法予以从重处罚，以有效震慑潜在的犯罪分子，预防类似犯罪的发生，规范民间借贷市场秩序，维护社会和谐稳定。

最高人民法院

关于人民法院落实廉政准则防止利益冲突的若干规定

2012年2月27日　　法发〔2012〕6号

第一条　为进一步规范人民法院工作人员的行为，促进人民法院工作人员公正廉洁执法，根据《中华人民共和国法官法》，并参照《中国共产党党员领导干部廉洁从政若干准则》，制定本规定。

第二条 人民法院工作人员不得接受可能影响公正执行公务的礼金、礼品、宴请以及旅游、健身、娱乐等活动安排。

违反本条规定的，依照《人民法院工作人员处分条例》第五十九条的规定处理。

第三条 人民法院工作人员不得从事下列营利性活动：

（一）本人独资或者与他人合资、合股经办商业或者其他企业；

（二）以他人名义入股经办企业；

（三）以承包、租赁、受聘等方式从事经营活动；

（四）违反规定拥有非上市公司（企业）的股份或者证券；

（五）本人或者与他人合伙在国（境）外注册公司或者投资入股；

（六）以本人或者他人名义从事以营利为目的的民间借贷活动；

（七）以本人或者他人名义从事可能与公共利益发生冲突的其他营利性活动。

违反本条规定的，依照《人民法院工作人员处分条例》第六十三条的规定处理。

第四条 人民法院工作人员不得为他人的经济活动提供担保。

违反本条规定的，依照《人民法院工作人员处分条例》第六十五条的规定处理。

第五条 人民法院工作人员不得利用职权和职务上的影响，买卖股票或者认股权证；不得利用在办案工作中获取的内幕信息，直接或者间接买卖股票和证券投资基金，或者向他人提出买卖股票和证券投资基金的建议。

违反本条规定的，依照《人民法院工作人员处分条例》第六十三条的规定处理。

第六条 人民法院工作人员在审理相关案件时，以本人或者他人名义持有与所审理案件相关的上市公司股票的，应主动申请回避。

违反本条规定的，依照《人民法院工作人员处分条例》第三十条的规定处理。

第七条 人民法院工作人员不得违反规定在律师事务所、中介机构及其他经济实体、社会团体中兼职，不得违反规定从事为案件当事人或者其他市场主体提供信息、介绍业务、开展咨询等有偿中介活动。

违反本条规定的，依照《人民法院工作人员处分条例》第六十三条的规定处理。

第八条 人民法院工作人员在离职或者退休后的规定年限内，不得具有下列行为：

（一）接受与本人原所办案件和其他业务相关的企业、律师事务所、中介机构的聘任；

（二）担任原任职法院所办案件的诉讼代理人或者辩护人；

（三）以律师身份担任诉讼代理人、辩护人。

违反本条规定的，分别依照《人民法院工作人员处分条例》第十七条、第三十条、第六十三条的规定处理。

第九条 人民法院工作人员不得利用职权和职务上的影响，指使他人提拔本人的配偶、子女及其配偶、以及其他特定关系人。

违反本条规定的，依照《人民法院工作人员处分条例》第七十一条的规定处理。

第十条 人民法院工作人员不得利用职权和职务上的影响，为本人的配偶、子女及其配偶、以及其他特定关系人支付、报销学习、培训、旅游等费用。

违反本条规定的，分别依照《人民法院工作人员处分条例》第五十五条、第五十九条、第六十四条的规定处理。

第十一条 人民法院工作人员不得利用职权和职务上的影响，为本人的配偶、子女及其配偶、以及其他特定关系人出国（境）定居、留学、探亲等向他人索取资助，或者让他人支付、报销上述费用。

违反本条规定的，分别依照《人民法院工作人员处分条例》第五十六条、第六十四条的规定处理。

第十二条 人民法院工作人员不得利用职权和职务上的影响妨碍有关机关对涉及本人的配偶、子女及其配偶、以及其他特定关系人案件的调查处理。

违反本条规定的，依照《人民法院工作人员处分条例》第九十七条的规定处理。

第十三条 人民法院工作人员不得利用职权和职务上的影响进行下列活动：

（一）放任本人的配偶、子女及其配偶、以及其他特定关系人收受案件当事人及其亲属、代理人、辩护人、执行中介机构人员以及其他关系人的财物；

（二）为本人的配偶、子女及其配偶、以及其他特定关系人经商、办企业提供便利条件；

（三）放任本人的配偶、子女及其配偶、以及其他特定关系人以本人名义谋取私利。

违反本条规定的，分别依照《人民法院工作人员处分条例》第五十六条、第六十三条、第六十四条的规定处理。

第十四条 人民法院领导干部和审判执行岗位法官不得违反规定放任配偶、子女在其任职辖区内开办律师事务所、为案件当事人提供诉讼代理或者其他有偿法律服务。

违反本条规定的，依照《人民法院工作人员处分条例》第六十五条的规定处理。

第十五条 人民法院领导干部和综合行政岗位人员不得放任配偶、子女在其职权和业务范围内从事可能与公共利益发生冲突的经商、办企业、有偿中介服务等活动。

违反本条规定的，依照《人民法院工作人员处分条例》第六十五条的规定处理。

第十六条 人民法院工作人员不得违反规定干预和插手市场经济活动，从中收受财物或者为本人的配偶、子女及其配偶、以及其他特定关系人谋取利益。

违反本条规定的，分别依照《人民法院工作人员处分条例》第五十六条、第六十四条的规定处理。

第十七条 人民法院工作人员不得违反规定干扰妨碍有关机关对建设工程招投标、经营性土地使用权出让、房地产开发与经营等市场经济活动进行正常监管和案件查处。

违反本条规定的，依照《人民法院工作人员处分条例》第九十七条的规定处理。

第十八条 人民法院工作人员违反本规定，能够及时主动纠正的，可以从宽处理。对其中情节较轻的，可以免予处分，但应当给予批评教育；对其中情节较重的，可以从轻或者减轻处分，必要时也可以给予相应的组织处理。

人民法院工作人员违反本规定，需要接受行政处罚或者涉嫌犯罪的，应当依法移送有关机关处理。

第十九条 人民法院工作人员违反本规定所获取的经济利益应当予以收缴；违反本规定所获取的其他利益应当依照法律或者有关规定予以纠正或者撤销。

第二十条 本规定所称“人民法院工作人员”，是指各级人民法院行政编制和事业编制内的工作人员。

本规定所称“人民法院领导干部”，是指各级人民法院的领导班子成员及审判委员会专职委员。

本规定所称“审判、执行岗位法官”，是指各级人民法院未担任院级领导职务的审判委员会委员以及在立案、审判、执行、审判监督、国家赔偿等部门从事审判、执行工作的法官和执行员。

本规定所称“综合行政岗位人员”，是指在各级人民法院内设部门从事综合行政管理、司法辅助业务的人民法院工作人员。

第二十一条 本规定所称“其他特定关系人”，是指人民法院工作人员配偶、子女及其配偶之外的其他近亲属和具有密切关系的人。

第二十二条 最高人民法院此前颁布的有关规定与本规定不一致的，以本规定为准。

第二十三条 本规定由最高人民法院负责解释。

第二十四条 本规定自发布之日起施行。

最高人民法院

关于充分发挥民事审判职能，依法维护妇女、儿童和老年人合法权益的通知

2012 年 2 月 28 日

法〔2012〕57 号

各省、自治区、直辖市高级人民法院，解放军军事法院，新疆维吾尔自治区高级人民法院生产建设兵团分院：

今年是实施“十二五”规划承上启下的重要一年，也是党的十八大召开之年，人民法院的民事审判工作在保障民生和维护社会和谐稳定发展方面的责任更加重大。为应对当前新形势对民事审判工作的要求，现就如何充分发挥民事审判职能，依法保护妇女、儿童和老年人的合法权益问题，通知如下：

一、要妥善审理婚姻家庭案件，维护家庭关系的和睦与稳定。要充分认识审理好婚姻家庭案件对于维护社会和谐稳定的重要意义，全面、准确地理解和把握婚姻法及其相关司法解释的内容和精神实质，不能机械地理解、孤立地适用。在涉及财产权属的认定、共同财产的分割等问题上，要按照婚姻法及其司法解释的规定，依法保护当事人特别是妇女、儿童和老年人的合法权益。

二、要通过对婚姻家庭案件的审理，倡导男女平等、夫妻互相忠诚、尊老爱幼、和睦文明的社会主义婚姻家庭观。通过裁判文书，旗帜鲜明地对婚姻家庭领域中实施家庭暴力、有配偶者与其他人同居、虐待遗弃儿童、不赡养老人等损害妇女、儿童和老年人合法权益的违反法律和社会主义道德的行为，给予否定性评价，促进社会主义社会精神文明建设，弘扬良好的道德风尚。

三、积极推动民事审判工作机制创新，有条件的基层人民法院，在民事审判第一庭内可以设立妇女维权合议庭，及时审理涉及妇女儿童权益的婚姻家庭

案件。认真研究探索妇女维权合议庭的职责和工作方式，不断总结经验。要以《关于建立健全诉讼与非诉讼相衔接的矛盾纠纷解决机制的若干意见》为指导，采取灵活多样的形式，加强与妇联、人民调解委员会等相关组织的联系、配合，动员多层次、多部门的力量参与婚姻家庭案件的调解工作，形成社会矛盾化解合力，在维护妇女、儿童和老年人合法权益，化解矛盾上下功夫。

四、上级人民法院要加强对下级人民法院审理婚姻家庭案件的指导。结合婚姻法及其相关司法解释的学习、宣传和贯彻，一手抓审判，一手抓调研，及时总结审判工作中出现的新情况、新问题，有针对性地提出新对策。要高度重视防范婚姻家庭纠纷案件引发的矛盾激化问题，主动加强与有关部门、媒体的沟通、协调，力争将矛盾化解在萌芽状态。

特此通知。

最高人民法院

关于在审判执行工作中切实规范自由裁量权行使保障法律统一适用的指导意见

2012 年 2 月 28 日　　法发〔2012〕7 号

中国特色社会主义法律体系如期形成，标志着依法治国基本方略的贯彻实施进入了一个新阶段，人民法院依法履行职责、维护法制统一、建设社会主义法治国家的责任更加重大。我国正处在重要的社会转型期，审判工作中不断出现新情况、新问题；加之，我国地域辽阔、人口众多、民族多样性等诸多因素，造成经济社会发展不平衡。这就要求人民法院在强化法律统一适用的同时，正确运用司法政策，规范行使自由裁量权，充分发挥自由裁量权在保障法律正确实施，维护当事人合法权益，维护司法公正，提升司法公信力等方面的积极作用。现就人民法院在审判执行工作中切实规范自由裁量权行使，保障法律统一适用的若干问题，提出以下指导意见：

一、正确认识自由裁量权。自由裁量权是人民法院在审理案件过程中，根据法律规定和立法精神，秉持正确司法理念，运用科学方法，对案件事实认定、法律适用以及程序处理等问题进行分析和判断，并最终作出依法有据、公平公正、合情合理裁判的权力。

二、自由裁量权的行使条件。人民法院在审理案件过程中，对下列情形依法行使自由裁量权：（一）法律规定由人民法院根据案件具体情况进行裁量的；（二）法律规定由人民法院从几种法定情形中选择其一进行裁量，或者在法定的范围、幅度内进行裁量的；（三）根据案件具体情况需要对法律精神、规则或者条文进行阐释的；（四）根据案件具体情况需要对证据规则进行阐释或者对案件涉及的争议事实进行裁量认定的；（五）根据案件具体情况需要行使自由裁量权的其他情形。

三、自由裁量权的行使原则。（一）合法原则。要严格依据法律规定，遵循法定程序和正确裁判方法，符合法律、法规和司法解释的精神以及基本法理的要求，行使自由裁量权。不能违反法律明确、具体的规定。（二）合理原则。要从维护社会公平正义的价值观出发，充分考虑公共政策、社会主流价值观念、社会发展的阶段性、社会公众的认同度等因素，坚持正确的裁判理念，努力增强行使自由裁量权的确定性和可预测性，确保裁判结果符合社会发展方向。（三）公正原则。要秉持司法良知，恪守职业道德，坚持实体公正与程序公正并重。坚持法律面前人人平等，排除干扰，保持中立，避免偏颇。注重裁量结果与社会公众对公平正义普遍理解的契合性，确保裁判结果符合司法公平正义的要求。（四）审慎原则。要严把案件事实关、程序关和法律适用关，在充分理解法律精神、依法认定案件事实的基础上，审慎衡量、仔细求证，同时注意司法行为的适当性和必要性，努力实现办案的法律效果和社会效果的有机统一。

四、正确运用证据规则。行使自由裁量权，要正确运用证据规则，从保护当事人合法权益、有利查明事实和程序正当的角度，合理分配举证责任，全面、客观、准确认定证据的证明力，严格依证据认定案件事实，努力实现法律事实与客观事实的统一。

五、正确运用法律适用方法。行使自由裁量权，要处理好上位法与下位法、新法与旧法、特别法与一般法的关系，正确选择所应适用的法律；难以确定如何适用法律的，应按照立法法的规定报请有关机关裁决，以维护社会主义法制的统一。对同一事项同一法律存在一般规定和特别规定的，应优先适用特别规定。要正确把握法律、法规和司法解释中除明确列举之外的概括性条款规定，确保适用结果符合立法原意。

六、正确运用法律解释方法。行使自由裁量权，要结合立法宗旨和立法原意、法律原则、国家政策、司法政策等因素，综合运用各种解释方法，对法律条文作出最能实现社会公平正义、最具现实合理性的解释。

七、正确运用利益衡量方法。行使自由裁量权，要综合考量案件所涉各种利益关系，对相互冲突的权利或利益进行权衡与取舍，正确处理好公共利益与个人利益、人身利益与财产利益、生存利益与商业利益的关系，保护合法利益，抑制非法利益，努力实现利益最大化、损害最小化。

八、强化诉讼程序规范。行使自由裁量权，要严格依照程序法的规定，充分保障各方当事人的诉讼权利。要充分尊重当事人的处分权，依法保障当事人的辩论权，对可能影响当事人实体性权利或程序性权利的自由裁量事项，应将其作为案件争议焦点，充分听取当事人的意见；要完善相对独立的量刑程序，将量刑纳入庭审过程；要充分保障当事人的知情权，并根据当事人的要求，向当事人释明行使自由裁量权的依据、考量因素等事项。

九、强化审判组织规范。要进一步强化合议庭审判职责，确保全体成员对案件审理、评议、裁判过程的平等参与，充分发挥自由裁量权行使的集体把关机制。自由裁量权的行使涉及对法律条文的阐释、对不确定概念的理解、对证据规则的把握以及其他可能影响当事人重大实体性权利或程序性权利事项，且有重大争议的，可报请审判委员会讨论决定，确保法律适用的统一。

十、强化裁判文书规范。要加强裁判文书中对案件事实认定理由的论证，使当事人和社会公众知悉法院对证据材料的认定及采信理由。要公开援引和适用的法律条文，并结合案件事实阐明法律适用的理由，充分论述自由裁量结果的正当性和合理性，提高司法裁判的公信力和权威性。

十一、强化审判管理。要加强院长、庭长对审判活动的管理。要将自由裁量权的行使纳入案件质量评查范围，建立健全长效机制，完善评查标准。对自由裁量内容不合法、违反法定程序、结果显失公正以及其他不当行使自由裁量权的情形，要结合审判质量考核的相关规定予以处理；裁判确有错误，符合再审条件的，要按照审判监督程序进行再审。

十二、合理规范审级监督。要正确处理依法改判与维护司法裁判稳定性的关系，不断总结和规范二审、再审纠错原则，努力实现裁判标准的统一。下级人民法院依法正当行使自由裁量权作出的裁判结果，上级人民法院应当依法予以维持；下级人民法院行使自由裁量权明显不当的，上级人民法院可以予以撤销或变更；原审人民法院行使自由裁量权显著不当的，要按照审判监督程序予以撤销或变更。

十三、加强司法解释。最高人民法院要针对审判实践中的新情况、新问题，及时开展有针对性的司法调研。通过司法解释或司法政策，细化立法中的原则性条款和幅度过宽条款，规范选择性条款和授权条款，统一法律适用标准。要进一步提高司法解释和司法政策的质量，及时清理已过时或与新法产生冲突的司法解释，避免引起歧义或规则冲突。

十四、加强案例指导。各级人民法院要及时收集、整理涉及自由裁量权行使的典型案例，逐级上报最高人民法院。最高人民法院在公布的指导性案例中，要有针对性地筛选出在诉讼程序展开、案件事实认定和法律适用中涉及自由裁量事项的案例，对考量因素和裁量标准进行类型化。上级人民法院要及时掌握辖区内自由裁量权的行使情况，不断总结审判经验，提高自由裁量权行使的质量。

十五、不断统一裁判标准。各级人民法院内部对同一类型案件行使自由裁量权的，要严格、准确适用法律、司法解释，参照指导性案例，努力做到类似案件类似处理。下级人民法院对所审理的案件，认为存在需要统一裁量标准的，要书面报告上级人民法院。在案件审理中，发现不同人民法院对同类案件的处理存在明显不同裁量标准的，要及时将情况逐级上报共同的上级人民法院予以协调解决。自由裁量权的行使涉及具有普遍法律适用意义的新型、疑难问题的，要逐级书面报告最高人民法院。

十六、加强法官职业保障。要严格执行宪法、法官法的规定，增强法官职业荣誉感，保障法官正当行使自由裁量权。要大力建设学习型法院，全面提升司法能力。要加强法制宣传，引导社会和公众正确认识自由裁量权在司法审判中的必要性、正当性，不断提高社会公众对依法行使自由裁量权的认同程度。

十七、防止权力滥用。要进一步拓展司法公开的广度和深度，自觉接受人大、政协、检察机关和社会各界的监督。要深入开展廉洁司法教育，建立健全执法过错责任追究和防止利益冲突等制度规定，积极推进人民法院廉政风险防控机制建设，切实加强对自由裁量权行使的监督，对滥用自由裁量权并构成违纪违法的人员，要依据有关法律法规及纪律规定进行严肃处理。

最高人民法院

2012年人民法院司法改革工作要点

2012年2月28日　　法〔2012〕60号

2012年是推进“十二五”规划实施、加快转变经济发展方式的关键一年，也是司法改革承前启后的关键一年。全国法院司法改革工作要深入贯彻党的十七届六中全会、全国政法工作会议和全国高级法院院长会议精神，始终坚持“把握正确方向、立足中国国情、依法稳妥推进、确保公平正义”的原则，积极完成中央司法改革任务和“三五”纲要改革任务，全面抓好已出台改革方案的贯彻落实工作，加强对改革工作的监督指导，深入调研当前改革面临的重大问题，精心谋划改革未来发展，加大改革成果宣传力度，进一步推动人民法院各项工作的全面发展。

一、做好“收尾”工作，推动中央改革任务和“三五”改革任务的顺利完成

1. 做好中央司法改革任务的“收尾”工作。积极推进“完善死刑复核法律程序”、“完善上下级法院司法行政业务关系”、“打击‘两抢’犯罪”等尚未完成的中央司法改革项目，协助中央其他部门完成其牵头的相关改革任务。

2. 完成“三五”改革纲要中尚未完成的改革任务。做好相关任务的组织、协调和督促工作，确保“三五”改革任务的基本完成。着重推进“改革和完善人民法院司法职权运行机制”、“改革和完善行政诉讼审判体制和管辖制度”等优化人民法院职权配置的改革任务。

二、狠抓方案落实，确保各项改革措施落到实处

3. 突出重点，全面推动，切实将各项改革措施落实到基层。深入推进司法公开、各类非诉讼纠纷解决机制建设，进一步创新和加强审判管理，深化法官制度和法院人事制度改革，建立健全法官职业保障制度等。对于法官检察官提前离岗离职、政法干警职业保障、规范上下级法院关系、执行权合理配置等改革意见比较原则的改革项目，抓紧研究制定配套措施、实施细则。对于未成年人案件综合审判制度、政法干警招录培养体制改革、检察院对执行活动的法律监督等试点工作，及时进行总结和完善。

4. 积极参与立法工作，巩固改革成果。配合立法机关做好《中华人民共和国刑事诉讼法》、《中华人民共和国民事诉讼法》等相关法律的修改工作。对于涉及司法改革的相关问题，适时提出制定和修改法律的建议，及时将改革成果纳入相关立法。

5. 加强司法改革评估工作。遵循司法改革规律，立足法院工作实际，逐步建立科学、合理、有效的司法改革评估体系和评估方法。

6. 建立司法改革目标责任制。按照“谁牵头制定改革意见、谁负责督促落实”以及“一级抓一级、层层抓落实”的要求，建立分管司法改革项目领导负责、各改革项目牵头部门制定具体落实方案、司法改革领导小组办公室负责统一协调管理的司法改革工作目标责任制，并纳入各级人民法院绩效考核。以目标管理为依托，抓好各项改革措施的贯彻落实。

三、完善监督指导，确保改革工作自上而下、稳步推进

7. 进一步加强最高人民法院对地方法院司法改革工作的监督指导，完善司法改革工作统一管理和统一协调机制。建立健全全国法院司法改革协调联络机制、督查指导机制和信息交流机制等。

8. 建立健全司法改革联系点法院工作机制，进一步发挥联系点法院的作用。建立联系点法院定期报送和即时报送相结合的司法改革动态报送机制以及培训机制、奖励机制等。通过开展试点、专题研讨、课题研究等方式，充分发挥联系点法院先试先行的作用。

9. 各级人民法院要切实依据中央部署和最高人民法院的相关规定开展改革工作。对于敏感性、争议性较大以及涉及体制机制创新的改革项目，须报送最高人民法院批准后进行。各高级人民法院要切实保障改革方案的正确组织实施，定期督促检查改革任务的完成和实施情况，全面了解和掌握改革动态，做好指导、督促、总结和纠偏工作。各中级、基层人民法院要积极参与改革，提供改革建议。

四、重视基础调研，谋划人民法院司法改革发展蓝图

10. 全面总结本轮司法改革的成效和经验，对人民法院新一轮司法改革的重大问题进行调研，提出改革建议。客观分析当前制约人民法院科学发展的关键问题，充分了解人民群众对社会公平正义的新期待、新需求，确定人民法院新一轮司法改革工作的方向和重点，为中央制定未来五年司法体制机制改革的规划做好准备，迎接党的十八大的胜利召开。

11. 根据党的十八大的总体部署和重要精神，在深入调研论证的基础上，制定今后一个时期人民法院司法改革的规划意见。配合中央有关部门做好新一轮司法改革方案的细化工作，推动中国特色社会主义司法制度的自我完善和发展。

12. 对涉及人民法院体制改革的重大问题进行调研。抓住关键点，着重对完善法院组织制度、建立独立于行政区划的司法管辖区、设置专门法院等改革课题进行深入调研，提出改革建议。

13. 深入调研四级人民法院职能定位问题。进一步明确不同层级法院的职能和组织形式，区分不同层级法院履行相关职能的方式，明确监督指导的范围与程序，制定上级法院提级管辖的配套机制，保障各级人民法院依法独立行使审判权。

14. 继续开展“司法改革与中国国情”课题研究。对相关子课题进行科学论证，将中国国情与改革方案的制定紧密结合起来，编写《司法改革与中国国情读本》。

15. 对我国多元纠纷解决机制的发展战略问题开展调研。就如何系统发展、培育多元纠纷解决机制作出总体规划，以保障各种纠纷解决机制的均衡发展。

16. 深入调研人民法院司法公信建设问题。联合相关单位，对制约人民法院科学发展和人民法院司法公信的重大问题进行调研，努力提高审判活动的透明度，提高司法能力，构建更加完善的权力运行内部监督制约机制，健全和规范各项工作机制，以便民促公信，以公开促公信，以监督促公信。

17. 开展域外司法改革动态及比较研究。对北美、南美、欧洲、亚洲、港澳台等地区的司法理念、司法制度及改革动态进行跟踪研究。结合域外的重大司法改革动态，选取对我国司法改革有参考价值的专题，进行重点分析。

五、加大宣传力度，全面客观展示改革成果，为深化改革营造良好的舆论环境

18. 按照中央部署，全面开展司法改革宣传工作。积极做好“两会”期间的司法改革成果宣传工作。配合中央政法委员会做好《中国的司法体制和工作机制改革》白皮书的编写工作，并结合白皮书的发布，组织策划司法改革宣传工作。

19. 编辑出版《人民法院司法改革报告》、《人民法院司法改革宣传册》等，向社会各界介绍改革工作进展情况和改革成果。出版《司法改革指导与参考》，以专刊形式对重点改革领域进行宣传。

20. 加强司法改革信息平台建设。充分发挥《人民法院报》、最高人民法院政务网、中国法院网等宣传平台的作用，做好《法院改革动态》的编辑工作，及时宣传人民法院司法改革的成果和经验。

21. 以召开新闻发布会、接受采访、拍摄影视宣传短片等方式，宣传人民法院司法改革的历史进程、主要措施、最新进展和改革成效。对于涉及群众利益、社会广泛关注的重大改革事项，积极引导社会各界理解和支持，形成深化改革、赢得支持的良好氛围。

[部门规章、部门规章性文件与解读]

国家知识产权局

专利标识标注办法

（局务会议审议通过 2012年3月8日国家知识产权局第六十三号令公布 自2012年5月1日起施行）

第一条 为了规范专利标识的标注方式，维护正常的市场经济秩序，根据《中华人民共和国专利法》（以下简称专利法）和《中华人民共和国专利法实施细则》的有关规定，制定本办法。

第二条 标注专利标识的，应当按照本办法予以标注。

第三条 管理专利工作的部门负责在本行政区域内对标注专利标识的行为进行监督管理。

第四条 在授予专利权之后的专利权有效期内，专利权人或者经专利权人同意享有专利标识标注权的被许可人可以在其专利产品、依照专利方法直接获得的产品、该产品的包装或者该产品的说明书等材料上标注专利标识。

第五条 标注专利标识的，应当标明下述内容：

（一）采用中文标明专利权的类别，例如中国发明专利、中国实用新型专利、中国外观设计专利；

（二）国家知识产权局授予专利权的专利号。

除上述内容之外，可以附加其他文字、图形标记，但附加的文字、图形标记及其标注方式不得误导公众。

第六条 在依照专利方法直接获得的产品、该产品的包装或者该产品的说明书等材料上标注专利标识的，应当采用中文标明该产品系依照专利方法所获得的产品。

第七条 专利权被授予前在产品、该产品的包装或者该产品的说明书等材料上进行标注的，应当采用中文标明中国专利申请的类别、专利申请号，并标明“专利申请，尚未授权”字样。

第八条 专利标识的标注不符合本办法第五条、第六条或者第七条规定的，由管理专利工作的部门责令改正。

专利标识标注不当，构成假冒专利行为的，由管理专利工作的部门依照专利法第六十三条的规定进行处罚。

第九条 本办法由国家知识产权局负责解释。

第十条 本办法自2012年5月1日起施行。2003年5月30日国家知识产权局令第二十九号发布的《专利标记和专利号标注方式的规定》同时废止。

国家知识产权局

专利实施强制许可办法

（局务会议审议通过　2012年3月15日国家知识产权局第六十四号令公布　自2012年5月1日起施行）

第一章　总　则

第一条 为了规范实施发明专利或者实用新型专利的强制许可（以下简称强制许可）的给予、费用裁决和终止程序，根据《中华人民共和国专利法》（以下简称专利法）、《中华人民共和国专利法实施细则》及有关法律法规，制定本办法。

第二条 国家知识产权局负责受理和审查强制许可请求、强制许可使用费裁决请求和终止强制许可请求并作出决定。

第三条 请求给予强制许可、请求裁决强制许可使用费和请求终止强制许可，应当使用中文以书面形式办理。

依照本办法提交的各种证件、证明文件是外文的，国家知识产权局认为必要时，可以要求当事人在指定期限内附送中文译文；期满未附送的，视为未提交该证件、证明文件。

第四条 在中国没有经常居所或者营业所的外国人、外国企业或者外国其他组织办理强制许可事务的，应当委托依法设立的专利代理机构办理。

当事人委托专利代理机构办理强制许可事务的，应当提交委托书，写明委托权限。一方当事人有两个以上且未委托专利代理机构的，除另有声明外，以提交的书面文件中指明的第一当事人为该方代表人。

第二章　强制许可请求的提出与受理

第五条 专利权人自专利权被授予之日起满3年，且自提出专利申请之日起满4年，无正当理由未实施或者未充分实施其专利的，具备实施条件的单位或者个人可以根据专利法第四十八条第一项的规定，请求给予强制许可。

专利权人行使专利权的行为被依法认定为垄断行为的，为消除或者减少该行为对竞争产生的不利影响，具备实施条件的单位或者个人可以根据专利法第四十八条第二项的规定，请求给予强制许可。

第六条 在国家出现紧急状态或者非常情况时，或者为了公共利益的目的，国务院有关主管部门可以根据专利法第四十九条的规定，建议国家知识产权局给予其指定的具备实施条件的单位强制许可。

第七条 为了公共健康目的，具备实施条件的单位可以根据专利法第五十条的规定，请求给予制造取得专利权的药品并将其出口到下列国家或者地区的强制许可：

（一）最不发达国家或者地区；

（二）依照有关国际条约通知世界贸易组织表明希望作为进口方的该组织的发达成员或者发展中成员。

第八条 一项取得专利权的发明或者实用新型比前已经取得专利权的发明或者实用新型具有显著经济意义的重大技术进步，其实施又有赖于前一发明或者实用新型的实施的，该专利权人可以根据专利法第五十一条的规定请求给予实施前一专利的强制许可。国家知识产权局给予实施前一专利的强制许可的，前一专利权人也可以请求给予实施后一专利的强制许可。

第九条 请求给予强制许可的，应当提交强制许可请求书，写明下列各项：

（一）请求人的姓名或者名称、地址、邮政编码、联系人及电话；

（二）请求人的国籍或者注册的国家或者地区；

（三）请求给予强制许可的发明专利或者实用新型专利的名称、专利号、申请日、授权公告日，以及专利权人的姓名或者名称；

（四）请求给予强制许可的理由和事实、期限；

（五）请求人委托专利代理机构的，受托机构的名称、机构代码以及该机构指定的代理人的姓名、执业证号码、联系电话；

（六）请求人的签字或者盖章；委托专利代理机构的，还应当有该机构的盖章；

（七）附加文件清单；

（八）其他需要注明的事项。

请求书及其附加文件应当一式两份。

第十条 强制许可请求涉及两个或者两个以上的专利权人的，请求人应当按专利权人的数量提交请求书及其附加文件副本。

第十一条 根据专利法第四十八条第一项或者第五十一条的规定请求给予强制许可的，请求人应当提供证据，证明其以合理的条件请求专利权人许可其实施专利，但未能在合理的时间内获得许可。

根据专利法第四十八条第二项的规定请求给予强制许可的，请求人应当提交已经生效的司法机关或者反垄断执法机构依法将专利权人行使专利权的行为认定为垄断行为的判决或者决定。

第十二条 国务院有关主管部门根据专利法第四十九条建议给予强制许可的，应当指明下列各项：

（一）国家出现紧急状态或者非常情况，或者为了公共利益目的的需要给予强制许可；

（二）建议给予强制许可的发明专利或者实用新型专利的名称、专利号、申请日、授权公告日，以及专利权人的姓名或者名称；

（三）建议给予强制许可的期限；

（四）指定的具备实施条件的单位名称、地址、邮政编码、联系人及电话；

（五）其他需要注明的事项。

第十三条 根据专利法第五十条的规定请求给予强制许可的，请求人应当提供进口方及其所需药品和给予强制许可的有关信息。

第十四条 强制许可请求有下列情形之一的，不予受理并通知请求人：

（一）请求给予强制许可的发明专利或者实用新型专利的专利号不明确或者难以确定；

（二）请求文件未使用中文；

（三）明显不具备请求强制许可的理由；

（四）请求给予强制许可的专利权已经终止或者被宣告无效。

第十五条 请求文件不符合本办法第四条、第九条、第十条规定的，请求人应当自收到通知之日起 15 日内进行补正。期满未补正的，该请求视为未提出。

第十六条 国家知识产权局受理强制许可请求的，应当及时将请求书副本送交专利权人。除另有指定的外，专利权人应当自收到通知之日起 15 日内陈述意见；期满未答复的，不影响国家知识产权局作出决定。

第三章 强制许可请求的审查和决定

第十七条 国家知识产权局应当对请求人陈述的理由、提供的信息和提交的有关证明文件以及专利权人陈述的意见进行审查；需要实地核查的，应当指派两名以上工作人员实地核查。

第十八条 请求人或者专利权人要求听证的，由国家知识产权局组织听证。

国家知识产权局应当在举行听证 7 日前通知请求人、专利权人和其他利害关系人。

除涉及国家秘密、商业秘密或者个人隐私外，听证公开进行。

举行听证时，请求人、专利权人和其他利害关系人可以进行申辩和质证。

举行听证时应当制作听证笔录，交听证参加人员确认无误后签字或者盖章。

根据专利法第四十九条或者第五十条的规定建议或者请求给予强制许可的，不适用听证程序。

第十九条 请求人在国家知识产权局作出决定前撤回其请求的，强制许可请求的审查程序终止。

在国家知识产权局作出决定前，请求人与专利权人订立了专利实施许可合同的，应当及时通知国家知识产权局，并撤回其强制许可请求。

第二十条 经审查认为强制许可请求有下列情形之一的，国家知识产权局应当作出驳回强制许可请求的决定：

（一）请求人不符合本办法第四条、第五条、第七条或者第八条的规定；

（二）请求给予强制许可的理由不符合专利法第四十八条、第五十条或者第五十一条的规定；

（三）强制许可请求涉及的发明创造是半导体技术的，其理由不符合专利法第五十二条的规定；

（四）强制许可请求不符合本办法第十一条或者第十三条的规定；

（五）请求人陈述的理由、提供的信息或者提交的有关证明文件不充分或者不真实。

国家知识产权局在作出驳回强制许可请求的决定前，应当通知请求人拟作出的决定及其理由。除另有指定的外，请求人可以自收到通知之日起 15 日内陈述意见。

第二十一条 经审查认为请求给予强制许可的理由成立的，国家知识产权局应当作出给予强制许可的决定。在作出给予强制许可的决定前，应当通知请求人和专利权人拟作出的决定及其理由。除另有指定的外，双方当事人可以自收到通知之日起 15 日内陈述意见。

国家知识产权局根据专利法第四十九条作出给予强制许可的决定前，应当通知专利权人拟作出的决定及其理由。

第二十二条 给予强制许可的决定应当写明下列各项：

（一）取得强制许可的单位或者个人的名称或者姓名、地址；

（二）被给予强制许可的发明专利或者实用新型专利的名称、专利号、申请日及授权公告日；

（三）给予强制许可的范围和期限；

（四）决定的理由、事实和法律依据；

（五）国家知识产权局的印章及负责人签字；

（六）决定的日期；

（七）其他有关事项。

给予强制许可的决定应当自作出之日起5日内通知请求人和专利权人。

第二十三条 国家知识产权局根据专利法第五十条作出给予强制许可的决定的，还应当在该决定中明确下列要求：

（一）依据强制许可制造的药品数量不得超过进口方所需的数量，并且必须全部出口到该进口方；

（二）依据强制许可制造的药品应当采用特定的标签或者标记明确注明该药品是依据强制许可而制造的；在可行并且不会对药品价格产生显著影响的情况下，应当对药品本身采用特殊的颜色或者形状，或者对药品采用特殊的包装；

（三）药品装运前，取得强制许可的单位应当在其网站或者世界贸易组织的有关网站上发布运往进口方的药品数量以及本条第二项所述的药品识别特征等信息。

第二十四条 国家知识产权局根据专利法第五十条作出给予强制许可的决定的，由国务院有关主管部门将下列信息通报世界贸易组织：

（一）取得强制许可的单位的名称和地址；

（二）出口药品的名称和数量；

（三）进口方；

（四）强制许可的期限；

（五）本办法第二十三条第三项所述网址。

第四章 强制许可使用费裁决请求的审查和裁决

第二十五条 请求裁决强制许可使用费的，应当提交强制许可使用费裁决请求书，写明下列各项：

（一）请求人的姓名或者名称、地址；

（二）请求人的国籍或者注册的国家或者地区；

（三）给予强制许可的决定的文号；

（四）被请求人的姓名或者名称、地址；

（五）请求裁决强制许可使用费的理由；

（六）请求人委托专利代理机构的，受托机构的名称、机构代码以及该机构指定的代理人的姓名、执业证号码、联系电话；

（七）请求人的签字或者盖章；委托专利代理机构的，还应当有该机构的盖章；

（八）附加文件清单；

（九）其他需要注明的事项。

请求书及其附加文件应当一式两份。

第二十六条 强制许可使用费裁决请求有下列情形之一的，不予受理并通知请求人：

（一）给予强制许可的决定尚未作出；

（二）请求人不是专利权人或者取得强制许可的单位或者个人；

（三）双方尚未进行协商或者经协商已经达成协议。

第二十七条 国家知识产权局受理强制许可使用费裁决请求的，应当及时将请求书副本送交对方当事人。除另有指定的外，对方当事人应当自收到通知之日起15日内陈述意见；期满未答复的，不影响国家知识产权局作出决定。

强制许可使用费裁决过程中，双方当事人可以提交书面意见。国家知识产权局可以根据案情需要听取双方当事人的口头意见。

第二十八条 请求人在国家知识产权局作出决定前撤回其裁决请求的，裁决程序终止。

第二十九条 国家知识产权局应当自收到请求书之日起3个月内作出强制许可使用费的裁决决定。

第三十条 强制许可使用费裁决决定应当写明下列各项：

（一）取得强制许可的单位或者个人的名称或者姓名、地址；

（二）被给予强制许可的发明专利或者实用新型专利的名称、专利号、申请日及授权公告日；

（三）裁决的内容及其理由；

（四）国家知识产权局的印章及负责人签字；

（五）决定的日期；

（六）其他有关事项。

强制许可使用费裁决决定应当自作出之日起5日内通知双方当事人。

第五章 终止强制许可请求的审查和决定

第三十一条 有下列情形之一的，强制许可自动终止：

（一）给予强制许可的决定规定的强制许可期限届满；

（二）被给予强制许可的发明专利或者实用新型专利终止或者被宣告无效。

第三十二条 给予强制许可的决定中规定的强制许可期限届满前，强制许可的理由消除并不再发生的，专利权人可以请求国家知识产权局作出终止强制许可的决定。

请求终止强制许可的，应当提交终止强制许可请求书，写明下列各项：

（一）专利权人的姓名或者名称、地址；

（二）专利权人的国籍或者注册的国家或者地区；

（三）请求终止的给予强制许可决定的文号；

（四）请求终止强制许可的理由和事实；

（五）专利权人委托专利代理机构的，受托机构的名称、机构代码以及该机构指定的代理人的姓名、执业证号码、联系电话；

（六）专利权人的签字或者盖章；委托专利代理机构的，还应当有该机构的盖章；

（七）附加文件清单；

（八）其他需要注明的事项。

请求书及其附加文件应当一式两份。

第三十三条 终止强制许可的请求有下列情形之一的，不予受理并通知请求人：

（一）请求人不是被给予强制许可的发明专利或者实用新型专利的专利权人；

（二）未写明请求终止的给予强制许可决定的文号；

（三）请求文件未使用中文；

（四）明显不具备终止强制许可的理由。

第三十四条 请求文件不符合本办法第三十二条规定的，请求人应当自收到通知之日起 15 日内进行补正。期满未补正的，该请求视为未提出。

第三十五条 国家知识产权局受理终止强制许可请求的，应当及时将请求书副本送交取得强制许可的单位或者个人。除另有指定的外，取得强制许可的单位或者个人应当自收到通知之日起 15 日内陈述意见；期满未答复的，不影响国家知识产权局作出决定。

第三十六条 国家知识产权局应当对专利权人陈述的理由和提交的有关证明文件以及取得强制许可的单位或者个人陈述的意见进行审查；需要实地核查的，应当指派两名以上工作人员实地核查。

第三十七条 专利权人在国家知识产权局作出决定前撤回其请求的，相关程序终止。

第三十八条 经审查认为请求终止强制许可的理由不成立的，国家知识产权局应当作出驳回终止强制许可请求的决定。在作出驳回终止强制许可请求的决定前，应当通知专利权人拟作出的决定及其理由。除另有指定的外，专利权人可以自收到通知之日起 15 日内陈述意见。

第三十九条 经审查认为请求终止强制许可的理由成立的，国家知识产权局应当作出终止强制许可的决定。在作出终止强制许可的决定前，应当通知取得强制许可的单位或者个人拟作出的决定及其理由。除另有指定的外，取得强制许可的单位或者个人可以自收到通知之日起 15 日内陈述意见。

终止强制许可的决定应当写明下列各项：

（一）专利权人的姓名或者名称、地址；

（二）取得强制许可的单位或者个人的名称或者姓名、地址；

（三）被给予强制许可的发明专利或者实用新型专利的名称、专利号、申请日及授权公告日；

（四）给予强制许可的决定的文号；

（五）决定的事实和法律依据；

（六）国家知识产权局的印章及负责人签字；

（七）决定的日期；

（八）其他有关事项。

终止强制许可的决定应当自作出之日起 5 日内通知专利权人和取得强制许可的单位或者个人。

附　则

第四十条　已经生效的给予强制许可的决定和终止强制许可的决定，以及强制许可自动终止的，应当在专利登记簿上登记并在专利公报上公告。

第四十一条　当事人对国家知识产权局关于强制许可的决定不服的，可以依法申请行政复议或者提起行政诉讼。

第四十二条　本办法由国家知识产权局负责解释。

第四十三条　本办法自2012年5月1日起施行。2003年6月13日国家知识产权局令第三十一号发布的《专利实施强制许可办法》和2005年11月29日国家知识产权局令第三十七号发布的《涉及公共健康问题的专利实施强制许可办法》同时废止。

[地方性法规、地方政府规章与解读]

上海市著名商标认定和保护办法

（2012 年 2 月 20 日市政府第 135 次常务会议通过　2012 年 3 月 14 日
上海市人民政府令第 82 号公布　自 2012 年 5 月 1 日起施行）

第一章　总则

第一条　（目的和依据）

为了规范上海市著名商标认定工作，保护上海市著名商标所有人、使用人和消费者的合法权益，促进经济发展，根据《中华人民共和国商标法》等法律、法规的规定，结合本市实际，制定本办法。

第二条　（定义）

本办法所称的上海市著名商标（以下简称“著名商标”），是指相关公众知晓、在本市市场上享有较高声誉并依照本办法规定予以认定的商标。

第三条　（管理部门）

市工商部门负责组织实施本办法。

经济信息化、商务、税务、质量技监、知识产权、统计等部门根据各自职责，协同实施本办法。

第四条　（评审委员会及其工作机构）

市工商部门组织设立的著名商标评审委员会（以下简称“评审委员会”），负责著名商标认定的评审工作。

评审委员会的委员由有关部门、单位推荐的人员组成，具体包括：

（一）消费者权益保护委员会、有关行业协会、上海市商标协会等社会团体的代表；

（二）经济、法律、知识产权等领域的专家；

（三）工商、统计、质量技监等有关部门的代表。

评审委员会的日常事务，由市工商部门指定的工作机构（以下称“评审委员会工作机构”）承担。

著名商标评审委员会的委员产生方式、任期以及评审规则，由市工商部门制定，并向社会公布。

第五条 （基本原则）

著名商标的认定申请，实行自愿原则。

著名商标的认定，遵循“公开、公平、公正”的原则。

本市鼓励自然人、法人及其他组织依法申请商标注册，提高商标知名度，争创著名商标。

第六条 （主体责任）

著名商标所有人和使用人应当依照有关法律、法规、规章和标准从事生产、经营活动，保证所使用著名商标的商品质量可靠、安全，并不断完善商标使用和管理制度，接受社会监督，承担社会责任。

第二章 著名商标的认定

第七条 （申请条件）

符合下列条件的，商标注册人可以申请认定著名商标：

（一）商标注册人是具有本市户籍或持有本市居住证的自然人，或是依法在本市设立的法人、其他组织；

（二）商标权属无争议，在中国境内注册满2年并实际使用满3年，在相关公众中具有较高知名度；

（三）使用该商标的商品质量可靠、安全，具有良好的市场信誉；

（四）使用该商标的商品近3年销售额、利润、税金等主要经济指标在本市同行业中居领先地位；

（五）商标注册人和使用人已建立商品质量投诉和纠纷处理制度且运行

良好；

（六）商标注册人已建立商标使用和管理制度且运行良好；

（七）商标注册人和使用人近3年未发生严重违法行为。

非营利性质的商标注册人申请认定著名商标，不适用前款第（四）项规定。

第八条 （提出申请）

市工商部门应当在每年3月底前发布公告，明确当年著名商标申请的期限、申请受理点等事项。

商标注册人申请认定著名商标，应当向所在地的区、县工商部门提交认定申请书和证明符合本办法第七条规定条件的相关材料。

申请人应当对所提交材料的真实性和合法性负责。

第九条 （受理审查）

区、县工商部门接受市工商部门的委托，承担著名商标认定申请的受理工作。

区、县工商部门应当自收到申请材料之日起30日内，对申请材料是否齐全进行审查，并作出是否予以受理的决定。决定予以受理的，应当书面通知申请人，并自作出受理决定之日起10日内，将申请材料送交评审委员会工作机构；决定不予受理的，应当书面通知申请人并说明理由。

申请材料需要补正的，区、县工商部门应当一次性告知申请人限期补正。申请人逾期不补正的，视为放弃申请。

第十条 （核实情况）

评审委员会工作机构应当在收到区、县工商部门递交的材料后3个月内，对认定申请是否符合本办法第七条规定的条件进行调查核实，并向评审委员会提交书面报告。

评审委员会工作机构调查核实情况时，应当征求有关部门、行业协会、消费者权益保护委员会及消费者代表的意见。

第十一条 （集中评审）

评审委员会应当召开会议，对认定申请材料和评审委员会工作机构的书面报告集中进行评议和表决。

出席评审会议的委员人数应当占评审委员会委员总人数三分之二以上，并以无记名投票方式，表决产生评审委员会的评审结果。认定申请经占出席评审会议的委员总人数三分之二以上同意，方可认定为著名商标。

第十二条 （书面承诺和回避）

评审委员会委员应当签署承诺书，严格遵守评审规则等工作规范，保守申请人的商业秘密，不得泄露评审的过程信息。

出席评审会议的委员与申请人有利害关系，可能影响评审公正性的，应当申请回避。评审委员会委员的回避，由评审委员会主任决定；评审委员会主任的回避，由评审委员会集体讨论决定。

第十三条 （评审结果的公示）

评审委员会应当依据评审结果，发布拟认定著名商标的公示。

自拟认定著名商标的公示发布之日起15日内，任何单位和个人可以以书面形式向评审委员会工作机构提出异议，并应当提供有关证明材料。

评审委员会工作机构接到异议及证明材料后，应当在30日内调查核实，并向评审委员会提交书面报告。

第十四条 （认定公告和认定证书）

公示期满无异议，或虽有异议但经评审委员会认定异议不成立的，由市工商部门依据评审结果，认定著名商标，并发布认定公告、颁发认定证书。

著名商标认定证书应当载明商标注册人名称、经认定的商标以及使用该商标的商品、有效期等事项。

第十五条 （有效期）

经认定的著名商标有效期为3年，自认定公告发布之日起计算。

第十六条 （延续和转让）

著名商标有效期届满前6个月内，著名商标所有人可以向所在地的区、县工商部门提出延续申请。

著名商标所有人在认定有效期内转让其注册商标的，受让人应当重新申请认定著名商标。

申请延续著名商标、重新申请认定著名商标的条件、程序、有效期等，适用本章第七条至第十五条规定。

第十七条 （经费保障和使用）

认定著名商标的工作经费，由市工商部门列入预算，不向当事人收取任何费用。

本市各级行政机关不得利用财政资金或者其他公共资源为著名商标所有人

和使用人进行商业宣传。

第三章 著名商标的保护和管理

第十八条 （著名商标的使用规范）

著名商标所有人和使用人可以在经认定的商品（以下称“著名商标商品”）包装、装潢和广告等载体上使用“上海市著名商标”的字样和标识；其他任何单位和个人不得擅自使用“上海市著名商标”的字样和标识。

第十九条 （变更注册事项的备案）

著名商标所有人依法变更商标注册事项的，应当自国家工商总局商标局核准变更之日起30日内，报市工商部门备案。

第二十条 （著名商标保护名录）

市工商部门应当编制发布上海市著名商标保护名录，并将名录抄告本市相关部门和外省市工商部门。

市和区、县工商部门应当加强对侵犯著名商标注册商标专用权行为的主动查处。

第二十一条 （商品名称、包装、装潢的保护）

擅自使用著名商标商品特有的名称、包装、装潢，或使用与著名商标商品近似的名称、包装、装潢，造成与该商品相混淆，使购买者误认为是该商品的，由工商部门依据《中华人民共和国反不正当竞争法》等法律、法规予以处理。

第二十二条 （对他人企业名称登记的限制）

以与著名商标相同或近似的文字申请企业名称登记，属同行业的，工商部门不予核准；属不同行业，但足以引起公众误认，并可能对著名商标所有人的合法权益造成损害的，工商部门不予核准。

第二十三条 （异地协调）

著名商标所有人因其著名商标的注册商标专用权在本市行政区域外受到侵害，向本市工商部门请求帮助的，本市工商部门应当及时与外省市工商部门进行沟通、协调，并为当事人维护著名商标的合法权益提供指导。

第二十四条 （行政监管）

市和区、县工商部门应当加强对著名商标的管理，建立、健全著名商标的管理档案，监督检查著名商标的使用情况，对著名商标的保护工作予以指导。

其他部门发现著名商标所有人和使用人存在违法违规情况的，应当及时通报市工商部门。

第二十五条 （社会监督）

任何单位和个人发现著名商标所有人、使用人存在违法违规情况，可以向工商部门和相关部门投诉、举报。

消费者权益保护委员会在依法履行职责过程中，发现著名商标所有人或使用人有损害消费者合法权益行为的，应当书面告知市工商部门。

第二十六条 （著名商标商品质量跟踪）

市工商部门应当定期收集相关部门、消费者权益保护委员会有关著名商标商品质量的信息，有重点地开展著名商标商品质量跟踪调查；发现问题的，应当督促著名商标所有人和使用人及时整改。

第四章　法律责任

第二十七条 （著名商标的撤销）

著名商标所有人、使用人有下列情形之一的，经评审委员会审定，由市工商部门撤销该著名商标，并予以公告：

（一）消费者投诉集中，未妥善处理的；

（二）违规使用“上海市著名商标”的字样、标识，或涂改、出借认定证书等证明文件的；

（三）提交虚假材料或以其他欺诈手段骗取著名商标认定的；

（四）因著名商标商品质量问题造成不良社会影响的；

（五）发生虚假宣传、欺诈消费者等严重违法行为的。

著名商标因前款第（一）、（二）项原因被撤销的，5 年内不得重新申请认定著名商标；因前款第（三）、（四）、（五）项原因被撤销的，不得重新申请认定著名商标。

评审委员会对是否撤销著名商标存在重大争议的，可以决定设立观察期，由评审委员会工作机构进行跟踪调查，并将调查结果提交评审委员会审定。

第二十八条 （违法行为的处罚）

著名商标所有人的商标注册事项变更后未申请备案的，由工商部门责令限期改正；逾期不改正的，处以1000元以上5000元以下罚款。

擅自使用“上海市著名商标”字样、标识的，由工商部门责令改正，可并处5000元以上1万元以下罚款；情节严重的，处以1万元以上3万元以下罚款。

第二十九条　（评审委员会委员的违规责任）

评审委员会委员有下列情形之一的，由市工商部门撤销其委员资格，并予以公告：

（一）利用参与评审工作，谋取不正当利益的；

（二）违反回避、保密等工作规范，造成不良影响的；

（三）无正当理由，拒不参加评审活动的。

第三十条　（行政责任）

工商部门及其工作人员有下列情形之一的，由其上级机关或监察机关责令改正，并依法对直接负责的主管人员和其他直接责任人员给予处分；构成犯罪的，依法追究刑事责任：

（一）无正当理由，拒不受理著名商标认定申请的；

（二）违反规定程序，认定著名商标的；

（三）未依法履行著名商标保护和管理职责的；

（四）有其他玩忽职守、滥用职权、徇私舞弊行为的。

第五章　附则

第三十一条　（服务商标）

本办法中有关商品商标的规定，同样适用于服务商标。

第三十二条　（施行日期）

本办法自2012年5月1日起施行。本办法施行前认定的著名商标，在原认定期限内继续有效。

四川省专利保护条例

（1997年6月16日四川省第八届人民代表大会常务委员会第二十七次会议通过　根据2001年9月22日四川省第九届人民代表大会常务委员会第二十五次会议《关于修改〈四川省专利保护条例〉的决定》修正　2012年3月29日四川省第十一届人民代表大会常务委员会第二十九次会议修订　2012年3月29日四川省第十一届人民代表大会常务委员会公告(第69号)　自2012年5月1日起施行）

第一章　总　则

第一条　为保护发明创造专利权，维护单位和个人以及公众的合法权益，推动发明创造的应用，根据《中华人民共和国专利法》、《中华人民共和国专利法实施细则》和国家有关规定，结合四川省实际，制定本条例。

第二条　凡在四川省行政区域内从事与专利有关活动的单位和个人，适用本条例。法律、法规另有规定的，从其规定。

第三条　专利工作遵循激励创造、有效运用、依法保护、科学管理的原则。

第四条　县级以上人民政府应当加强对专利工作的领导，支持和促进专利技术产业化。

第五条　县级以上人民政府管理专利工作的部门负责本行政区域内的专利保护工作。

发展改革、经济信息、科技、公安、商务、广电、工商、新闻出版、质监、出入境检验检疫、海关等行政管理部门，在各自职责范围内做好专利保护工作。

第六条 县级以上人民政府应当设立专利资助资金，用于扶助本行政区域内单位和个人申请专利、实施专利技术、开展专利维权。

第七条 建立专利转化应用激励机制，促进专利技术转化为现实生产力，具体办法由省人民政府另行制定。

鼓励和支持单位和个人积极申请专利，提高专利的运用水平，做好专利保护工作。

第八条 管理专利工作的部门应当建立知识产权公共信息平台和重点行业产业专利数据库，提供专利等知识产权信息服务，促进专利信息的传播、开发和利用。发展和规范专利交易市场，鼓励和支持建立专利技术交易机构，推进专利技术交易服务，加速专利技术商品化和产业化。

管理专利工作的部门应当对企业事业单位和其他组织的专利工作进行指导，帮助企业事业单位和其他组织培养专利管理人员，鼓励企业事业单位和其他组织制定专利战略，建立专利管理制度。

第九条 县级以上人民政府及其有关部门应当加强专利知识的宣传和普及。

新闻媒体应当积极开展专利法律、法规等专利知识的宣传。鼓励单位和个人支持和参与专利知识的宣传和普及工作。

第二章 专利促进与保护

第十条 企业事业单位及其他组织研究、开发、引进、购买、申办专利技术、产品、设备等过程中所发生的支出，按照税收管理的有关规定，分别进行一次性税前扣除和折旧、摊销处理；符合税收优惠条件的，鼓励享受相应税收优惠。

第十一条 政府财政资金支持的科研开发和高新技术产业化等项目，应当把获得专利权作为立项、考核、验收的指标之一；政府财政资金支持的技术改造项目，应当把获得专利权作为优先支持的条件之一。

认定和考核高新技术企业和创新型企业等，应当将专利权的拥有数量与质量作为重要指标。

第十二条 以政府财政资金安排和设立的创业风险投资资金和创业风险投资机构，应当优先支持专利技术产业化项目。

第十三条 政府采购及其他使用财政性资金进行采购的，应当按照国家要求，在同等条件下优先采购自主创新产品。

第十四条 国有企业事业单位的发明专利和主要由财政资助的科研项目所完成的发明专利，省人民政府认为对国家利益或者公共利益具有重大意义的，可以依法决定在批准范围内推广应用。实施单位应当按照国家规定向专利权人支付使用费。

第十五条 被授予专利权的企业事业单位和其他组织对职务发明创造的发明人或者设计人的奖励及报酬，单位与其有约定的，从其约定；没有约定的，按照下列规定执行：

（一）专利实施取得经济效益后，应当在专利权有效期内，每年从实施该发明专利或者实用新型专利的营业利润中提取不低于百分之五或者从实施该外观设计专利的营业利润中提取不低于千分之五的比例，作为报酬支付给发明人或者设计人；

（二）许可他人实施专利的，应当在取得专利许可使用费后三个月内从专利许可使用费中提取不低于百分之二十的比例，作为报酬支付给发明人或者设计人；

（三）专利权转让的，应当在取得专利权转让费后三个月内从专利权转让费中提取不低于百分之二十的比例，作为报酬支付给发明人或者设计人；

（四）因维权获得专利损失赔偿金的，应当在取得赔偿金后三个月内从专利损失赔偿金中提取不低于百分之二十的比例，作为报酬支付给发明人或者设计人；

（五）采用股份形式以专利技术入股实施转化的，发明人、设计人可以获得不低于该专利技术入股时作价金额百分之二十的股份或者报酬。

奖励和报酬可以采取定额方式或者其他形式一次性给付，标准应当不低于国家有关规定。

国有企业对专利的奖励和报酬在工资总额基数之外单列。

第十六条 评定专业技术职称，应当将专利发明人、设计人的相关专利作为评审依据之一。对技术进步能够产生重大作用或者取得显著经济效益的专利，可以作为主要发明人、设计人破格申报专业技术职称的依据。获得中国专利金奖、优秀奖以及省专利奖的主要发明人、设计人，可以破格申报相关专业技术职称。

企业事业单位从事专利管理工作人员职称评定的具体办法由省管理专利工作的部门会同省人力资源和社会保障部门另行制定。

第十七条 有下列情形之一的，当事人应当向有关主管部门提交专利检索报告：

（一）重大科研立项和新技术、新产品开发；

（二）技术、设备的进出口贸易；

（三）申请国家扶持、投资的科技项目；

（四）外方以专利技术、设备作为投资申办中外合资企业、中外合作企业。

第十八条 鼓励单位和个人依法采取专利入股、质押、转让、许可等方式促进专利实施。

以专利权作价入股的，最高可占公司注册资本的百分之七十。

单位在专利实施、技术转让等过程中的涉税事项，符合税收优惠条件的，享受相应税收优惠。

第十九条 鼓励金融机构为专利技术产业化项目提供信贷支持与金融服务，特别是鼓励以专利权质押方式提供信贷支持。

第二十条 鼓励中介服务机构加强专利服务，促进专利实施。

专利代理、专利技术交易、专利资产评估、专利信息咨询等专利中介服务机构应当依法设立和运营，其合法权益受法律保护。

专利中介服务机构及其执业人员应当加强自律，提高执业水平，为委托人提供便捷、优质的服务，不得进行下列行为：

（一）以不正当手段招揽业务；

（二）出具虚假报告；

（三）与当事人串通牟取不正当利益；

（四）损害专利权人、其他当事人的合法权益和社会公共利益。

管理专利工作的部门应当加强对专利中介服务机构及其执业人员的指导和监督。

第二十一条 鼓励申请人对具备申请专利条件的发明创造申请国内、国外专利，管理专利工作的部门应当给予必要的指导。职务发明申请专利之前，与该发明创造技术方案有关的人员应当对该发明创造负有保密责任并不得私自进行转让。

第二十二条 省管理专利工作的部门可以根据当事人申请，组织专门从事知识产权研究的学术团体、鉴证类社会中介机构进行专利技术鉴定工作。当事人也可以委托依法成立的专利技术鉴定机构进行鉴定。

第二十三条 专利权人和专利实施被许可方，有权在其专利产品或者专利产品的包装上标注专利标记，专利标记的标注方式应当符合相关规定。

第二十四条 任何单位和个人不得有为他人侵犯专利权、假冒专利提供制造、许诺销售、销售、使用、展示、广告、仓储、运输、隐匿等条件的行为。

第二十五条 国有资产占有单位有下列情形之一的，应当进行专利资产评估：

（一）转让专利申请权、专利权的；

（二）国有企业和事业单位作为法人在变更或者终止前需要对专利资产作价的；

（三）以国有专利资产与外国公司、企业、其他经济组织或者个人合资、合作的，或者许可外国公司、企业、其他经济组织或者个人合资、合作实施的；

（四）以专利资产作价出资成立有限责任公司或者股份有限公司的；

（五）以各种形式从国外引进专利技术的；

（六）需要进行专利资产评估的其他情形的。

评估专利资产由实施评估的单位按照国家有关规定依法选聘符合条件的资产评估机构进行。

非国有资产占有单位也可以依法申请对其专利资产进行评估。

第二十六条 管理专利工作的部门在展会期间应当组织开展专利保护相关法律、法规的宣传，并履行下列职责：

（一）依法受理专利权人或者利害关系人的投诉，处理展会专利侵权纠纷；

（二）依法查处展会期间发生的假冒专利违法行为；

（三）监督主办方及承办方履行专利保护义务。

第二十七条 展会的相关管理部门应当加强展会期间的专利保护指导、协调和监督工作。

第二十八条 展会主办方、承办方应当依法做好展会专利保护工作，加强对参展项目的专利审查，在参展协议中约定参展方不得侵犯他人的专利权、不得假冒专利。

第二十九条 参展方应当合法参展，遵守参展协议，并不得侵犯他人专利权，对管理专利工作的部门或者司法部门的调查应当予以配合。

第三十条 专利权人或者利害关系人认为参展项目侵犯其专利权的，可以向主办方、承办方或者管理专利工作的部门投诉，也可以向人民法院提起诉讼。被投诉人未及时作出不侵权有效举证的，应当按照约定将涉嫌侵权的物品自行撤展；未自行撤展的，由管理专利工作的部门依法处理。

任何人在展会期间发现涉嫌假冒专利行为的，有权向管理专利工作的部门举报。管理专利工作的部门认为参展方涉嫌假冒专利的，应当责令其立即撤展；未自行撤展的，由管理专利工作的部门依法处理。

第三章 专利纠纷的行政处理

第三十一条 未经专利权人许可，对其专利实施的侵权行为，专利权人或者利害关系人可以请求管理专利工作的部门处理，也可以依法直接向人民法院提起诉讼。

第三十二条 当事人对下列专利纠纷，可以请求管理专利工作的部门调解，也可以根据仲裁协议申请仲裁或者依法直接向人民法院提起诉讼：

（一）侵犯专利权的赔偿数额纠纷；

（二）在发明专利申请公布后、专利权授予前使用该发明而未支付适当费用的纠纷；

（三）专利申请权和专利权归属纠纷；

（四）职务发明的发明人、设计人的奖励和报酬纠纷；

（五）专利发明人、设计人的资格纠纷。

对前款第（二）项所述的纠纷，专利权人应当在专利权被授予后请求调解或者提起诉讼。

第三十三条 请求管理专利工作的部门调解、处理专利纠纷，必须符合下列条件：

（一）请求人与专利纠纷有直接利害关系；

（二）有明确的被请求人和具体的请求事项、事实根据；

（三）当事人无仲裁协议并且一方当事人未向人民法院提起诉讼；

（四）属于管理专利工作的部门案件管辖范围。

第三十四条 请求管理专利工作的部门调解、处理专利纠纷，请求人应当递交请求书。管理专利工作的部门收到请求书后，应当在5日内作出是否立案受理的审查决定，并书面通知请求人。

第三十五条 管理专利工作的部门调解、处理专利纠纷案件，应当在立案之日起5日内将请求书副本和答辩通知书送交被请求人。

被请求人收到请求书副本和答辩通知书后，应当在15日内提交答辩书和有关证据。被请求人拒收请求书副本和答辩通知书或者不按期提交答辩书的，不影响专利纠纷案件的处理。

第三十六条 管理专利工作的部门处理专利纠纷，应当书面通知当事人按时参加。当事人经通知无正当理由拒不参加，或者未经同意中途退出，是请求人的，按自动撤回请求处理；是被请求人的，可以缺席作出处理决定。

第三十七条 管理专利工作的部门调解、处理专利纠纷，遵循专利权有效原则。

专利纠纷立案后，被请求人向专利复审委员会请求宣告请求人的专利权无效的，应当自收到专利复审委员会受理通知书之日起10日内，向受理纠纷案件的管理专利工作的部门书面申请中止调解、处理程序。管理专利工作的部门对中止调解、处理的申请，应当作出审查决定，并书面通知当事人。

第三十八条 管理专利工作的部门处理专利纠纷时，有权进行现场检查，查阅、复制与案件有关的图纸、资料、帐册等凭证，有关单位或者个人应当协助调查并提供有关资料。

第三十九条 管理专利工作的部门处理专利侵权纠纷时，认定侵权行为成立的，可以责令侵权人立即停止制造、使用、销售、许诺销售、进口等侵权行为，责令销毁侵权产品或者使用侵权方法直接获得的产品，销毁制造侵权产品或者使用侵权方法的专用零部件、工具、模具、设备等物品，并可以通过媒体公告。

当事人对上述处理决定不服的，可以自收到处理决定之日起15日内依照《中华人民共和国行政诉讼法》向人民法院起诉；当事人期满不起诉又不停止侵权行为的，管理专利工作的部门可以申请人民法院强制执行。

第四十条 专利权人及利害关系人应当依法行使其权利，不得有下列行为：

（一）强制专利实施被许可人购买其他专利使用权；

（二）强制专利实施被许可人只能将基于专利权人专利作出的改进专利卖回给专利权人；

（三）禁止专利实施被许可人对该专利的有效性提出异议。

第四十一条 专利权人及其利害关系人对涉嫌侵犯专利权的进出口货物，可以请求管理专利工作的部门和海关、出入境检验检疫等部门采取保护专利权的必要措施。

第四十二条 请求管理专利工作的部门调解专利纠纷案件，经调解双方当事人达成协议的，管理专利工作的部门应当制作调解协议书，双方当事人可以共同对调解协议书的效力申请司法确认。经司法确认后，一方当事人拒不执行调解协议书的，另一方当事人可以申请人民法院强制执行；调解不成的，当事人可以依法向人民法院提起民事诉讼。

第四章 专利违法行为的查处

第四十三条 管理专利工作的部门对下列专利违法行为进行查处：

（一）制造或者销售标有专利标记的非专利产品的；

（二）在未被授予专利权的产品、产品包装或者宣传材料上标注专利标识，专利权被宣告无效后或者终止后，继续在制造或者销售的产品、产品包装或者宣传材料上标注专利标记的；

（三）在广告等宣传材料或者合同中将非专利技术称为专利技术，非专利产品称为专利产品的；

（四）伪造或者变造专利证书或者其它专利文件、专利申请文件的；

（五）已经接受管理专利工作的部门作出的处理决定或者人民法院判决的专利侵权案件，侵权行为人又侵犯该项专利权的；

（六）未经许可，在其制造、销售的产品或者该产品的包装上标注他人专利号的；

（七）未经许可，在广告等宣传材料或者合同、投标书等资料中使用他人专利号的；

（八）专利权人或者被许可人制造的专利产品投放市场后，他人制造并销售仿冒产品的；

（九）其他使公众混淆，将未被授予专利权的技术或者设计误认为是专利技术或者专利设计，或者将所涉及的技术或者设计误认为是他人的专利技术或者专利设计的行为。

专利权终止前依法在专利产品、依照专利方法直接获得的产品或者其包装上标注专利标识，在专利权终止后合理期限内许诺销售、销售该产品的，不属于假冒专利行为。

第四十四条 任何单位和个人有权举报专利违法行为。

管理专利工作的部门收到举报或者发现专利违法行为后，应当在10日内审查立案。

第四十五条 管理专利工作的部门在查处专利违法行为时，有权询问当事人和证人，检查与专利违法行为有关的物品并可以依法进行查封、扣押，查阅、复制与专利违法行为有关的合同文本、帐册等资料。

管理专利工作的部门依法行使前款规定职权时，有关单位或者个人应当予以协助，不得拒绝或阻碍。

第四十六条 管理专利工作的部门查处专利违法行为应当自立案之日起1个月内作出处罚决定。特别复杂的案件经批准后可以延期15日。

第五章 法律责任

第四十七条 违反本条例第二十四条规定，由管理专利工作的部门责令限期改正，没收违法所得，可以并处违法所得1倍以上3倍以下的罚款；没有违法所得的，可以处1000元以上3万元以下罚款。

第四十八条 违反本条例第四十条规定的，由管理专利工作的部门责令改正，可以处1万元以上5万元以下的罚款；情节严重的，可以处5万元以上10万元以下的罚款。

第四十九条 有本条例第四十三条规定的专利违法行为的，由管理专利工作的部门责令当事人停止违法行为，公开更正，消除影响。

有违法所得的，没收违法所得，可以并处违法所得1倍以上2倍以下的罚款。情节较轻的，可以并处违法所得1倍以下的罚款；情节严重的，可以并处违法所得2倍以上4倍以下的罚款。

没有违法所得的，可以处2万元以上10万元以下罚款。情节较轻的，可以处2万元以下罚款；情节严重的，可以处10万元以上20万元以下罚款。

构成犯罪的，依法追究刑事责任。

第五十条 在专利执法过程中，有关当事人拒不提供或者隐瞒、转移、销毁与案件有关的合同、帐册、图纸资料的，或者擅自启封、转移、处理被查封、扣押物品的，由管理专利工作的部门对其处以1000元以上3万元以下或者违法所得1倍以上3倍以下的罚款。

第五十一条 拒绝、阻碍管理专利工作的部门工作人员依法执行公务，违反《中华人民共和国治安管理处罚法》的，由公安机关给予治安处罚。

第五十二条 从事专利管理工作的国家机关工作人员以及其他有关国家机关工作人员玩忽职守、徇私舞弊的，依法给予行政处分；给当事人合法权益造成损害的，应当依法予以赔偿；构成犯罪的，依法追究刑事责任。

第六章　附　则

第五十三条 本条例自2012年5月1日起施行。

[地方司法业务文件与解读]

天津市高级人民法院

关于进一步提高全市法院民商事审判质量与效率的指导意见

2011年11月10日　　津高法〔2011〕285号

为进一步规范民商事案件的审理工作，提高全市法院民商事案件质量与效率，切实维护当事人的实体权利和程序权利，实现公正高效的司法目标，最大限度地满足人民群众对新时期司法工作的新要求、新期待，为天津科学发展、和谐发展、率先发展提供强有力的司法保障，制定如下指导意见：

一、提高思想认识，明确基本要求

1. 民商事审判是人民法院审判工作的重要组成部分，民商事案件占人民法院诉讼案件的90%以上，审理好民商事案件，不断提高民商事案件质量与效率，使绝大多数纠纷化解在基层，对于提高人民法院整体工作水平具有十分重要的意义。全市各级法院应当充分认识民商事审判工作的重要性，在严格执行现有法律规定及各院行之有效管理规定的基础上，采取扎实有效的措施，创新审判机制，强化审判管理，加强业务指导，全面提升审判质效，妥善化解涉诉信访，力争民商事审判工作的综合指标走在全国法院的前列。

2. 民商事案件审判工作的基本要求是：案件事实清楚、证据认定准确、审判程序规范、调解合法自愿、法律适用正确、利益平衡妥当、文书说理充分、判后答疑到位、社会认同度高。

二、严格认定事实，确保实体公正

3. 正确理解和适用民事诉讼法和证据规则，准确认定案件事实。人民法院在审理民商事案件中，应当按照有利于当事人行使诉讼权利和人民法院查明事实的要求，结合法律、司法解释等规定，准确理解和把握举证期限的规定。要做好对当事人，特别是文化程度较低、诉讼能力差、没有委托律师的当事人举证指导，使他们能够正确行使诉讼权利。对于当事人确因客观原因无法调取的证据和查明事实必需的证据，人民法院都应当主动调查取证。对于当事人在举证期限届满后提交的证据以及鉴定、调查取证、证人出庭作证等申请，应当综合逾期原因、证据与案件事实的关联等因素，决定是否采纳或准许。对于另一方当事人仅以提交证据或申请超过举证期限为由，拒绝发表质证意见和配合鉴定、调查取证的，应将其意见记入笔录，其意见不影响人民法院对该证据真实性的审查以及依法委托鉴定、调查取证的效力。

4. 规范法官的自由裁量权。准确适用民事实体法，理清法律关系，防止机械执法，生搬硬套。要切实注重裁决的妥当性，防止和纠正滥用自由裁量权；对于法律规定具体明确的，严格依法作出裁判；对于法律规定原则性较强或者缺乏明确法律规定的，应准确把握自由裁量权的行使幅度，不能超出幅度进行裁量；对于法律没有幅度限制的，裁量的幅度要符合一般公众的认知标准。

5. 强化民事案件裁判文书说理。要根据当事人的诉辩理由有针对性地作裁判说理，充分阐述支持或不支持当事人主张的理由，不能仅以“无事实和法律依据”、“于法无据”等表述简单地驳回当事人的主张。裁判文书的主文应当明确、具体，判令当事人履行给付义务的，应当明确义务的履行期限、履行范围以及不履行义务的法律后果。

三、规范诉讼程序，保障诉讼权利

6. 规范民事案件送达程序。人民法院只有在民事诉讼法第八十四条规定的受送达人下落不明，穷尽其他方式无法送达的情况下，才可以采用公告送达方式。坚决杜绝随意采用公告送达方式的错误做法，充分维护当事人的诉讼权利和实体权利。在征得当事人同意的情况下，可以采用传真、电子邮件等方便、快捷的方式送达。但应要求受送达人在7日内予以回复。当事人回复时确认收到的时间为送达时间；当事人回复时未确认收到时间的，其回复时间为送达时间；当事人未回复的，视为未送达。因一方当事人未到庭参加诉讼，对其按撤诉处理或缺席判决的，人民法院应查明开庭传票是否确已送达及该当事人未到庭原因。

7. 规范民事一审案件“简转普”程序。承办人发现案件疑难复杂或有其他需要转入普通程序事由的，应当及时申请转入普通程序，并报分管院领导审批。分管院领导对“简转普”申请应当严格把关，对于仅以延长审限为目的申请转为普通程序的，一般不予批准。

8. 认真做好庭前准备工作。对于案情复杂、证据较多、需要进行鉴定、勘验的案件，应当进行庭前准备。庭前准备中，应当组织双方当事人交换证据，明确诉讼请求、固定争议焦点，并进行调解。组织当事人交换证据的，应当督促当事人将所有证据全部提交。

9. 慎重把握运用鉴定手段查明案件事实。对当事人有争议的事实和证据，需要通过鉴定才能查明的，人民法院应当向负有举证义务的当事人进行释明，并告知其不申请鉴定的法律后果。一个案件就同一个事项原则上只能进行一次鉴定。已经做出的鉴定结论如有瑕疵，但不符合《最高人民法院关于民事诉讼证据的若干规定》第二十七条规定的，可以通过补充鉴定进行更正，避免出现同一事项由一个或多个鉴定机构出具多个鉴定意见的情形。鉴定前，法院应组织对当事人提交的证据材料进行质证，依法对证据材料的真实性予以认定，不得将未经质证的鉴定材料直接交给鉴定机构。法院鉴定管理机构应当关注鉴定的进程和时限，督促鉴定机构及时作出鉴定结论。

四、加大调解力度，实现“案结事了”

10. 认真落实“调解优先”的司法理念，承办人在受理案件后，必须首先对案件是否具备调解可能进行评估，将调解作为案件审理的首选方法，力争调解结案，同时提高调解案件的自动履行率。要正确处理好调解与均衡结案的关系，调解工作与案件审理工作要同步进行，避免因调解而拖延案件审判工作。不断完善诉讼程序与仲裁、行政调解、人民调解、行业调解等非诉纠纷解决方式的衔接配合，主动加强与有关部门的协作，积极推动诉调对接机制的完善与发展。

11. 做好释法答疑工作，加大息诉服判力度。对于当事人争议较大、矛盾激烈的案件，判决送达前应当与当事人进行沟通，告知其可能存在的诉讼风险，消除当事人对裁判结果不切实际的认识和误解，使当事人产生合理的心理预期。宣判时应当向当事人进行释明，做好息诉工作。宣判后，当事人要求法院进行释明的，法院应当用通俗语言释疑解惑，做深做细当事人的思想疏导工作，增强审判的透明度和判决的可接受性，争取人民群众对司法活动的理解和对司法裁判的认同，从而最大限度实现案结事了。

五、围绕审判质效，健全管理机制

12. 完善审判流程的监控管理，规范审判权的行使。强化对案件审限的实时监控和跟踪管理，加强对延长、中止、中断、扣除审限的管理，严格审限变更报批的条件、程序和时间，加大预警、催办、督办力度，进一步提高正常审限内结案的比例，防止和杜绝超审限和隐性超审限问题。高、中级法院民商事审判庭要严格控制报批延长审限的案件数量。

13. 完善各类案件定案把关的具体措施，确保案件审判质量。要加强对独任审判的监督管理，落实和规范合议庭工作机制，让合议庭成员共同把好案件事实关、证据关和法律适用关，杜绝合而不议的现象。对证据、财产进行保全、委托司法鉴定、依当事人申请或依职权调查取证、追加诉讼当事人等程序性事项的裁量也应由合议庭依法研究决定。对重大复杂疑难案件或合议庭有不同意见的案件，可经审判长联席会或庭务会讨论决定，如有不同意见，应报分管院长审批，必要时报审判委员会讨论决定。在审后阶段，要完善案件质量监督评查制度，切实做到评得到位、查得主动。

14. 抓好均衡结案。要引导广大法官把均衡结案作为一种办案理念，强化均衡结案责任，合理分配办案时间，切实解决好“前松后紧、年底突击”的老问题。建立健全“月通报、季考评”制度，加强对审判运行各环节的流程监控，确保每月、季度、年度结案均衡。同时，着力抓好清理一年以上未结案工作，深挖内部潜力，加快办案节奏，强化催办督办，形成收案与结案的良性循环。

六、理顺上下关系，提高指导能力

15. 强化基层法院化解纠纷的能力。基层法院审理的民事一审案件占全部民事一审案件的98%以上，一审法院较之于二审法院、申请再审法院更了解和熟悉案件的相关背景和社情民意，更有利于对案件事实的准确判断和纠纷的及时化解。全市法院要着力提高基层法院民事一审案件的办案质效，从审判力量、业务指导、后勤保障等方面向基层倾斜、向一线倾斜，下大力气切实提高基层法院一审案件服判息诉率，将化解矛盾纠纷的重心下移。

16. 强化上级法院的审判监督能力。二审法院审理案件时要严格把关，正确把握发回改判标准。对于原审事实认定不清、证据采信不当、法律适用错误的案件，该改判的要坚决依法改判，该发回的要依法予以发回。要全面建立发改案件评析制度和跟踪监督机制，对发回重审案件要逐案制作对下指导意见书，逐案跟踪发改后的裁判结果和社会效果。高中级法院每年要对二审发回改判案件和决定再审的申请再审案件进行全面分析讲评，加强民商事审判工作管理的及时性和针对性，使相关法院的分管领导、庭长和审判人员及时了解民商事审判工作中存在的问题。各级法院也要建立相应的发回改判案件的评查、分析机制，及时发现问题，提出意见，制定整改措施。

17. 强化高中级法院对下业务指导力度。高、中级法院民商事审判部门要充分运用审判质效评估数据，深入研究审判工作整体态势。不断丰富对下业务指导工作形式，通过召开定期例会、疑难案件研讨会、建立审判工作联系点等方式，深入了解基层审判实践中遇到的普遍性、倾向性、疑难性问题，认真研究，及时制定审判业务指导性文件，有效解决实践中存在的法律理解、裁判尺度不统一问题，促进全市各级法院整体民商事审判水平的提高。

18. 完善信息收集和问题发现机制。各级法院要主动向高级法院报送涉及重大、新型、敏感案件的审判信息，及时反映审判工作中的新问题、新情况和新变化。高级法院对报送的审判信息，力争一个季度全面分析一次，对民商事审判工作中的新问题和特定时期出现的具有典型性和普遍意义的问题及时加以分析总结，并以适当的形式进行交流和反馈，以加强不同审级法院之间审判业务知识的交流和互动。

解读——
《天津市高级人民法院关于进一步提高全市法院民商事审判质量与效率的指导意见》

刘莉 丁琪*

近年来，随着改革开放的不断推进和经济建设的快速发展，人民群众的司法需求与日俱增，社会上大量矛盾冲突以各种诉讼案件的形式涌入法院，各级法院受理民商事案件的数量急剧增加，2011 年天津市法院受理的一审民商事案件同比上升了 9.46%。由于一审民商事案件占法院全部一审案件总数的 90% 以上，且大量集中在劳动争议、金融借贷、房屋土地、建设工程、损害赔偿、婚姻家庭、食品安全等案件上，直接关系经济发展和百姓民生，因此，天津市高级人民法院把提高民商事审判质量与效率作为全市法院工作的重中之重，坚持每年对全市法院二审发回改判和申请再审案件进行总结分析，针对突出问题进行整改。2011 年下半年，天津市高级人民法院在认真总结分析了制约民商事审判质量效率的突出问题的基础上，制定了《天津市高级人民法院关于进一步提高全市法院民商事审判质量与效率的指导意见》（以下简称《指导意见》），经天津市高级人民法院审判委员会第 17 次会议讨论通过，2011 年 11 月正式公布实施。《指导意见》共六部分 18 条，主要从转变民商事审判思路、规范审判程序、完善质量把关机制、规范法官自由裁量权等方面对提高民商事案件审判质量和效率提出了具体要求。

一、关于提升民商事审判质量与效率的重要意义

《指导意见》第 1 条明确阐述了民商事审判工作在法院整体工作中的重要性以及提升民商事审判质量与效率的重要意义。在中国特色社会主义法律体系形成、“十二五”规划已经实施、全面建设小康社会进入关键时

* 作者单位：天津市高级人民法院民一庭。

期的新形势下，公正高效审理各类案件，及时快速化解多种社会纠纷，对整个社会的和谐稳定有重大推进作用。民商事审判作为人民法院审判工作的重要组成部分，不断提高民商事案件质量效率，使绝大多数纠纷解决在一审，矛盾化解在基层，对于强化民商事审判工作的基础，乃至人民法院整体工作的基础都具有十分重要的意义。通过调研发现，虽然多年来天津市民商事审判工作取得了很大成绩，但在审判理念、审判质量、审判效率、审判效果以及管理机制、司法作风等方面还不同程度地存在一些问题。主要表现在：部分审判人员大局意识、司法为民意识和群众观点还不强；案件质量和效率还有待提高，均衡结案还有待加强；管理机制还需适应新形势的要求进一步改进和完善；司法能力特别是要做群众工作的能力和实现案结事了的水平有待提高；司法作风还需要进一步改进，这些问题都制约着民商事审判工作的持续发展，成为瓶颈。因此，各级法院必须充分认识提升民商事案件质量与效率的重要性，通过强化审判管理，加强业务指导等措施，切实提高民商事案件特别是一审案件质量，努力实现审判质量与效率、法律效果与社会效果的有机统一。

二、关于民商事审判工作的基本要求

案件事实清楚、证据认定准确、审判程序规范、调解合法自愿、法律适用正确、利益平衡妥当、文书说理充分、判后答疑到位、社会认同度高。《指导意见》第 2 条分别从案件事实、证据认定、审判程序、调解方式、法律适用、利益平衡、文书说理、判后答疑、社会认同度等九个方面提出概括要求。“案件事实清楚”，是指用以确定当事人主体资格、案件性质、具体权利义务、民事责任等主要内容所依据的事实有充分证据支撑，裁判认定的事实高度符合客观真相。“证据认定准确”，是指依照法定程序和证据规则，全面、客观地审核证据，准确判定证据的证明力。“审判程序规范”，是指审判组织构成合法，各审理环节依法进行，当事人程序权利得到充分保障。“调解合法自愿”，是指调解必须以当事人自愿为前提，综合考虑案件事实和当事人意愿，依法促成当事人之间达成一致意见，从而实现案结事了。“法律适用正确”，是指准确理解法律法规和立法本意，在查清事实的基础上正确适用相关法律，确保裁判结果公正。“利益平衡妥当”，是指认真权衡民商事案件中的各类利益关系，积极寻求不同利益之间的最佳平衡点和结合点，实现案件处理法律效果和社会效果的有机统一。“文书说理充分”，是指详细阐述事实认定和法律适用理由，逐一回应当事人诉讼理由和抗辩主张，使当事人赢的明明白白，输的心服口服。“判后答疑到位”，是指针对当事人提出的事实认定和法律适用等疑问进行耐心细致的解释，帮助当事人全面理解法院的裁判，自觉接受裁判结果。“社会认同度高”，是指民商事案件的处理结果要做到情、理、法的交融，法律效果和社会效果的有机统一，符合社会公平正义理念，得到广大人民群众的普遍认同。上述基本要求在后面的条款中都有具体的反映，体现了民商事审判工作所要达到的基本目标：每个案件的处理，不仅要求裁判的法律依据明确，而且要求遵循程序规则和证据规则；不仅要求实现个案公正，而且要求取得社会认同；不仅要求裁判结果符合法律，而且要求向社会公开裁判形成的过程和理由，实现法理与情理的兼容并蓄。

三、关于民商事案件审理中的实体要求

《指导意见》第3～5条分别从证据的把握、自由裁量权的行使以及裁判论理等方面对审理民商事案件的实体要求进行了具体阐述。

一是要正确理解和适用民事诉讼法和证据规则，准确认定案件事实。人民法院审理案件查明事实的基础是证据，民商事案件的多样化和复杂化，决定了审判人员要根据不同类型案件的特点，具体情况具体分析，在案件审理过程中发现合理的疑点，适时引导当事人举证和质证，必要时应依职权调查，确保查明案件事实。结合当前民商事诉讼的特点，在适用举证责任制度和查明客观事实之间，应当首选后者。只有当穷尽一切手段仍无法查明事实的情况下才可以通过适用举证责任制度分配败诉的风险。在这个过程中，法院不仅应当对当事人的举证义务和责任尽到释明义务，还要从能动司法的角度，积极、合理地使用法律赋予的职权，最大限度查明客观事实。我们在调研中发现，有的审判人员在案件审理中片面强调当事人的举证责任，不区分案件类型、案件特点，一概被动任由当事人陈述事实和列举证据，对当事人没有注意到而案件审理过程中又必然涉及的问题不予以引导查证，结果导致案件事实不能查清查透。也有个别法官违反法定程序，不依法组织质证，导致据以定案的证据没有经过法定质证程序。这类问题不仅严重影响案件事实认定的准确性，也加深了当事人对法院的不满情绪。针对类似问题，我们规定了法官举证指导和主动调查取证的情形，这种情形下的法院直接介入，有利于查清案件事实，彰显实质公平，也有利于树立法院司法公信，促成案结事了。

二是要规范法官的自由裁量权。法官的自由裁量权是实践中最易引起当事人误解的问题之一，司法界也一直在探索自由裁量权的行使范围、原则和方法。民商事案件的多样性、复杂性和法律规定的原则性要求法官在法律原则基础之上适度行使自由裁量权。民商事法官要运用自己的法律知识和社会经验，充分考虑个案情况和社情民意，深入发掘案件所涉法律的立法宗旨，从有利于诉讼的经济和便利角度对程序性事项进行裁量，从公平正义和诚实信用出发对实体性事项进行裁量。《指导意见》的第4条明确规定了自由裁量权的行使原则：原则之一是严格依法裁判，法律有具体规定的引用具体法律法规，法律有原则性规定的在法律精神框架内把握裁量幅度。原则之二是科学行使裁量权，结合审判实践经验和法学原理，参照民事政策、民俗习惯、商业惯例和行业规则，寻求符合实际情况的裁量标准，防止主观臆断。原则之三是符合普适标准，在充分认知案件法律事实的基础上，审慎进行利益衡量，让裁判结果符合公平、正义的司法理念及一般公众的认知标准。

三是要强化民商事案件裁判文书说理。通过调研发现，当事人选择上诉、申请再审的主要原因有许多并不是裁判结果不公，而是对裁判结果不理解。根据天津市高级人民法院对审理的申请再审案件情况分析，个别案件存在着裁判文书说理不充分、判决主文陈述不准确、低级校对错误屡禁不止等问题，有的裁判文书对事实的描述不清、用词不准，有的文书对质证认证过程叙述不详，有的文书判决理由格式化，对当事人诉讼理由和抗辩主张回应性差，导致当事人不知道判决理由从而认为打了一场不明不白的官司。最高人民法院副院长奚晓明在2012年全国高级法院民一庭庭长座谈会上指出，说理不当所引起的负面效果甚至更加难以估量，要把裁判说理作为裁判的重要组成部分，既要做到让法律人理解，更要做到取得社会公众认同，最大限度实现司法裁判在教化人民心灵、净化社会空气方面的独特作用。《指导意见》第5条要求判决书中要针对当事人诉辩理由进行充分论证，对关键证据采信与否要进行说明，对当事人未被采纳的诉讼主张要有所回应，将援引和适用的法律条款的含义、原理、价值取向，结合案件事实阐述清楚，作出具有社会公信力的评述，主文也应明确具体、可操作性强，最终实现“辨法析理、胜败皆明”的目标。

四、关于民商事案件审理的程序要求

众所周知，案件的公正处理不仅要做到实体公正，而且要求做到程序公正，依法审判首先就应做到依据法定程序进行审判，程序公正不仅是保障案件审理有序进行的重要基础，也是实体公正的重要保障。在司法过程中，程序上任何一个环节出现一个小问题，都有可能被当事人作为上访的口实，并可能导致对司法过程的全盘否定。近年来，各级法院程序违法现象大幅减少，但在个别审判人员中仍存在忽视程序规范的思想，在案件审理的部分环节，仍不同程度存在公告送达过滥、一审“简转普”程序不规范、庭审效率低、对鉴定环节把握不准等情形，《指导意见》对此分别作了规定。

（一）严格规范民事案件的送达程序

《指导意见》第6条对公告送达方式的采用依法进行了规范。开庭传票的合法送达事关当事人利益，目的在于保证当事人及时得知诉讼信息，未经合法传唤即缺席判决的做法严重剥夺了当事人参加诉讼的权利，极易造成当事人和人民法院的对立情绪激化。开庭传票的公告送达属于推定送达，当事人通过公告送达得知诉讼信息的几率较小，因此民事诉讼法对于公告送达的适用规定了严格的条件。实践中对公告送达要着重把握以下几点：一是建立严格的公告送达适用条件审查制度。对于被邮政快递部门退回的邮件，责成专人负责到当事人户籍所在地、经常居住地或对方当事人提供的其他地址送达法律文书，仍无法送达法律文书的，法院应告知当事人提供对方当事人下落不明的证据。二是需公告送达的案件，在卷宗中详细记载认定当事人下落不明的依据，适用公告送达程序的理由、查找认证的过程等，以确定送达程序符合法律规定。三是设立认定当事人下落不明的严格审批制度，层报庭长签批，庭长在审批时，要着重把握是否有相关证据证实当事人不在住所地，穷尽一切办法无法联系和不能邮寄送达，方可公告送达。

（二）严格规范民商事一审案件“简转普”程序和庭前准备工作

《指导意见》第7条主要从法院内部管理角度，在转入事由、审批程序、审批标准等方面，规范了对民商事一审案件“简转普”程序。另外需要注意的是，简易程序转换为普通程序审理的，应当向当事人送达转换程序通知书和合议庭组成人员通知书，并给当事人补足举证期限，以充分保障当事人的诉讼权利。《指导意见》第8条对庭前准备工作的规定，主要目的是为了提升庭审效率，庭前准备工作做好了，就能节约有限的庭审时间，集中庭审焦点，有利于合议庭当庭共同查明案件事实。

（三）严格规范鉴定程序

鉴定结论作为民事诉讼法规定的证据形式之一，由鉴定机构依据专业知识针对专业问题所作，对相关案件的实体处理往往具有重要意义。但是目前审判实践中涉及司法鉴定存在诸多问题：一是过度依赖鉴定。由于专业隔阂和司法政策导向，广大法官对鉴定结论存在较强依赖性，尤其在矛盾尖锐的医患纠纷、建筑工程、民间借贷等案件审理中，更倾向于把事实的认定推向司法鉴定机构，不仅表现为鉴定是必经程序，也表现为法官对绝大多数鉴定结论的默然采纳。更有甚者，个别法官将案件的审判权拱手交给了鉴定机构。二是重复鉴定。三是鉴定之前不组织各方当事人对鉴定材料进行质证。四是鉴定机构代行司法权情况时有发生。其实，鉴定结论充其量是专业性较强的证据而已，在司法鉴定的过程中，所依据的鉴定材料是否真实、合法、全面，鉴定方法是否科学，鉴定机构是否具有相应资质，均应由法官依法审查认定，不应由鉴定机构代行人民法院的审判权。因此，《指导意见》第9条规定要正确理解鉴定结论的性质，审慎选择司法鉴定，原则上一个案件就同一个事项只能进行一次鉴定，鉴定前要组织各方当事人认真审核鉴定材料，并督促鉴定机构及时作出鉴定结论。对鉴定结论必须进行质证，要认真审查作出鉴定结论的程序是否合法，包括委托鉴定是否合法、鉴定机构和鉴定人员是否具备相应的资质、鉴定依据的材料是否真实合法、质证认证程序是否合法等。如果鉴定结论明显依据不足或者经过质证认定不能作为证据使用的，就不能将其作为定案依据，坚决杜绝鉴定单位利用其专业知识和技能替代法院行使审判权的现象发生。

五、关于强化调解和判后答疑工作

案结事了是民商事审判工作追求的终极目标。当事人经过一审、还要进行二审、申请再审，说明涉诉矛盾尚未化解，人民法院解决纠纷的工作做得还不到位。因此，必须引导民商事审判法官把“案结事了”作为更高的办案目标来追求，切实改变一判了之的思维方式和行为模式。裁判案件不仅要看是否做到事实清楚、证据充分、程序合法、适用法律正确、判决结果恰当，还要站在化解矛盾纠纷、维护社会稳定的高度来审视裁判效果，做好相关工作。《指导意见》第10～11条就是从加强调解、做好判后答疑两方面对如何实现案结事了提出具体要求。

1. 要强化调解力度，将调解工作和辩法析理工作贯穿于民商事审判工作的各个环节。调解是高质量、高效益的审判，必须坚持“调解优先、调判结合”的审判工作原则，拓展调解领域，提高调解效率，对于社会矛盾高度集中的损害赔偿、劳动争议、房地产、涉农等纠纷案件，尽可能多地适用调解方式，疏导当事人情绪，坚持全面、全程、全员调解，努力从根本上化解纠纷，实现案结事了。同时加强与非诉纠纷解决机制的联动配合，调动一切积极因素妥善处理纠纷，最大限度地发挥调解在定分止争和维护社会和谐稳定方面的优势。

2. 要做好判后答疑工作。实践中，个别法官存在着不愿意面见当事人，以书记员代替审判员答疑等情况，导致当事人的疑问无人解答、情绪无法疏导，最终造成缠诉缠访。针对这种情况，《指导意见》第11条要求判决送达前、宣判时、宣判后都要全程开展释法答疑工作。首先，宣判前要适时与当事人或其代理律师主动沟通，详细告知诉讼风险告知书，消除当事人对裁判结果不切实际的认识和误解；其次，要严格落实公开宣判制度，凡是具备公开宣判条件的，承办法官都要在宣判程序直接面对当事人，当面及时解答当事人的疑问；最后，对于宣判后当事人要求法院释明的，采用定期答疑和预约答疑的方式，回答当事人在证据认定、法律规定、法律术语、裁判结果形成理由、案件程序事项等方面的疑问。

六、关于强化管理、提升审判质效问题

审判管理是破解审判工作难题、提高民商事审判质量与效率的重要途径。当前，我们的审判管理还不够科学和严密，尚未深层次地触及到所有审判人员和所有工作流程。因此必须大力推进审判管理创新，着力加强机制建设，形成科学完备、规范有序、运转高效的审判管理模式，促进审判质量、效率、效果的全面提升和各项审判工作的科学发展。《指导意见》第12条到第14条对如何完善审判质效的管理机制作出明确规定。一是针对部分案件审限过长、久拖不决问题，提出严格审限实时监控、跟踪管理以及审判报延的要求，进一步加大预警、催办、督办力度，提高正常审限内结案的比例，防止和解决超审限和隐性超审限问题；二是针对实践中存在的“合而不议”、“把关不严”等问题，对规范合议庭工作机制以及案件层层研究报批机制提出具体要求，确保案件质量关；三是针对

“前松后紧、年底突击”的结案不均衡问题，从理念引导到制度建设各方面提出相应要求，确保实现收案与结案的良性循环。

七、关于理顺三级法院关系、加强沟通指导问题

提高民商事审判质量与效率是三级法院共同的任务，一审、二审不能脱节，必须注重工作的整体性。《指导意见》第15条到第18条从加强三级法院的协调配合以及上级法院对下级法院的审判监督指导方面进行了相应规定。一是围绕将矛盾化解在基层的工作目标，提出努力提升基层法院一审民商事案件的办案质效，全面加强基层基础工作的具体要求；二是从强化二审和再审法院的审判监督职责出发，提出准确把握发回改判标准、建立发改案件评析制度和跟踪监督机制等要求；三是规范和完善上下级法院之间的业务指导机制，统一执法尺度。我们在调研中发现，个别法院仍然存在同案不同判的问题，这些相互矛盾的判决不仅损害了当事人对司法公正的信赖，还扰乱了当事人对裁判结果的预期，加大了一审服判息诉工作的难度。目前，随着司法公开的深入和社会资讯的发达，当事人可以较为轻易地获得类似或者关联案件的裁判结果，并且将其与自身案件进行对比。这在客观上对我们确保法律统一适用、实现司法公正提出了更高的要求。因此，必须有效发挥上级法院在指导类案审理、统一裁判尺度方面的监督指导作用，增强监督指导的针对性和实效性。上级法院要通过召开定期例会、疑难案件研讨会、建立审判工作联系点等方式，深入了解基层审判实践中遇到的普遍性、倾向性、疑难性问题，认真研究，及时制定审判业务指导性文件，有效解决实践中存在的法律理解、裁判尺度不统一问题，全面提高民商事审判整体司法水平。

2011年度北京市法院知识产权司法保护典型案例

北京市高级人民法院民三庭

案例一："360隐私保护器"不正当竞争案

原告：腾讯科技（深圳）有限公司（简称腾讯公司）

原告：深圳市腾讯计算机系统有限公司（简称腾讯计算机公司）

被告：北京奇虎科技有限公司（简称奇虎公司）

被告：奇智软件（北京）有限公司（简称奇智公司）

被告：北京三际无限网络科技有限公司（简称三际公司）

【案情】

腾讯公司为QQ软件的著作权人，2010年其将QQ软件的运营和专有使用权许可给腾讯计算机公司。涉案"360隐私保护器"由奇智公司开发，通过奇虎公司提供信息的"360网"发行，该网主办单位为三际公司。涉案的"360隐私保护器"只针对QQ软件进行监测并进行评价和表述，原告认为其捏造事实，具有明显的不正当竞争意图，损害其商业信誉和声誉，构成商业诋毁。

法院经审理认为，原告与被告在网络服务范围、用户市场、广告市场等网络整体服务市场中具有竞争利益，二者具有竞争关系。涉案"360隐私保护器"对相关监测结果的描述缺乏客观公正性，足以误导用户产生不合理的联想，对QQ软件的商品声誉和商业信誉带来一定程度的贬损。据此，判决被告停止侵权、消除影响、赔偿经济损失40万元。

【点评】

该案主要涉及如何界定用户业务不同的网络运营商在竞争法意义上的竞争关系及在互联网行业规则尚未成熟的情况下如何界定竞争法的边界。该案的审理结果涉及数亿网络用户的切身利益，社会反响巨大，被称为“3Q”大战。该案也充分体现出知识产权保护对社会发展和公众生活的重要影响，通过该案生效判决，人民法院对在互联网环境下违反竞争法的不当行为进行了阐释，对网络不正当竞争行为的认定和行业竞争行为的规范起到了指引作用，对互联网行业的健康有序发展产生了重要影响。

案例二：诗歌《见与不见》著作权案

原告：谈笑靖

被告：北京市新华书店王府井书店（简称王府井书店）

被告：珠海出版社有限公司（简称珠海出版社）

【案情】

原告谈笑靖主张其创作了诗歌《班扎古鲁白玛的沉默》，并于2007年5月15日发表在其个人博客上。2008年10月，《读者》第20期第7页刊登《见与不见》一文，与原告主张权利的作品仅一字之差且字义相近，其余文字及分节均一致，署名为仓央嘉措。2008年10月7日，原告向《读者》杂志发送电子邮件一封，告知上述文章署名错误，原告为该文作者，该文发表于原告博客。2010年8月，被告珠海出版社出版了《那一天那一月那一年》一书，该书副标题为“‘六世达赖喇嘛’——仓央嘉措的情与诗”，作者子非，该书第33页收录了前述《见与不见》一文。

法院经审理认为，博客作品同样是创作者智力成果的反映，作者依法对其享有著作权。原告以其博客登陆过程的公证及做出权利主张的邮件相互印证，足以证明涉案作品的创作和发表情况，在没有相反证据的情况下，可以认定原告对涉案作品依法享有著作权。由于仓央嘉措的出版物中该文作者争论较大，且有《读者》对该文署名在先，故该认知错误非被告珠海出版社自身所能避免。另外，涉案图书主要内容为仓央嘉措作品赏析及其生平介绍，对《见与不见》一文使用比例有限，且对其作者争议进行了声明。故认定珠海出版社侵权主观故意不大，尽到审查注意义务，仅需承担停止侵权的法律责任，王府井书店销售涉案图书，应承担停止销售的法律责任。据此，判决珠海出版社停止出版、发行含有《见与不见》内容的图书、王府井书店停止销售含有《见与不见》内容的图书。

【点评】

当前，著作权保护仍然是知识产权保护的重要内容之一。互联网出现后，由于网络传播信息的便利性及虚拟性，给作品的创作、使用、管理和保护带来了新的挑战。相对于传统的创作载体，博客是一种借助网络技术实现的全新的作品创作形式和传播途径。只要网络作品符合著作权法关于作品独创性等的规定，其著作权利就应得到认定和保护。该案不仅在理论层面彰显了保护知识产权权利人的原则，而且在实践层面探索了诸如技术咨询、实地勘验、电子实物证据相互印证等有效做法，突破网络虚拟性及网络信息易修改等障碍，准确地认定事实，正确适用法律，切实维护了权利人合法权益，恰当平衡了社会利益。

案例三：非遗“安顺地戏”署名权案

原告：贵州省安顺市文化和体育局（简称安顺文体局）

被告：张艺谋

被告：张伟平

被告：北京新画面影业有限公司（简称新画面公司）

【案情】

“安顺地戏”是一种地方戏剧，2006年6月，国务院将其列为国家级非物质文化遗产。由张艺谋导演、张伟平制片、新画面公司摄制的影片《千里走单骑》出现了“安顺地戏”表演片段，拍摄的剧情将其称为“云南面具戏”。原告诉称，被告歪曲了“安顺地戏”，侵犯了其署名权。

法院经审理认为，“安顺地戏”作为国家级非物质文化遗产，应当依法受到国家的保护、保存。安顺文体局与案件具有直接利害关系，有权提起诉讼。涉案电影的民事责任主体应是新画面公司，而非张艺谋、张伟平等人。“安顺地戏”作为一个剧种并不构成受《著作权法》保护的作品，任何人均不能对“安顺地戏”这一剧种享有署名权，“云南面具戏”的使用亦非《著作权法》意义上的署名行为。被告将“安顺地戏”作为一种文艺创作素材使用在影片《千里走单骑》作品中符合电影创作的规律，主观上无侵害非物质文化遗产的故意和过失，未对“安顺地戏”产生法律所禁止的歪曲、贬损或者误导混淆的负面影响。据此，判决驳回原告的诉讼请求。

【点评】

非物质文化遗产是各族人民世代相承的、与群众生活密切相关的各种传统文化表现形式和文化空间。该案涉及非物质文化遗产和民间文学艺术司法保护问题，且恰逢《非物质文化遗产法》开始施行，使得该案成为北京法院首例涉及“非遗”的案件，是我国知识产权保护领域的新类型案件。虽然对非物质文化遗产的知识产权保护存在很大争议，但无疑该案在非物质文化遗产司法保护的诉讼主体、署名权、侵权责任认定等方面作出了有益探索，对完善相关法律制度、提高执法水平具有非常重要的意义。

案例四：“如意”火炬储气罐阀门专利权案

原告：北京动力机械研究所（简称动力研究所）

被告：中山华帝燃具股份有限公司（简称华帝燃具公司）

【案情】

动力研究所系“一种可拆卸常闭阀门”的实用新型专利权人，本专利为北京奥运会“祥云”火炬的相关技术之一。华帝燃具公司为中国第十一届全运会“如意”火炬提供商。原告从被告的北京办事处购买了“如意”火炬一把，指控被告“如意”火炬的内部燃烧系统中的储气罐阀门侵犯了其专利权，并认为被告提供“如意”火炬的行为具有“生产经营目的”，获得了市场知名度等商业利益。

法院经审理认为，通过将涉案实用新型专利权利要求与被控侵权产品进行技术比对，可认定可拆卸阀门针对发明主题的修饰性用词应纳入涉案实用新型专利权的保护范围。尽管被告在被控侵权产品阀芯带有直孔端的顶端和工装槽之间增加了导向斜槽这一技术特征产生了额外的技术效果，但是并不能否认本专利的“阀芯带有直孔端顶端至阀体工装槽底部”这一必要技术特征已体现在被控侵权产品中。故被控侵权产品落入涉案实用新型专利权保护范围，构成侵权。据此，判决华帝燃具公司停止侵权，赔偿原告经济损失及合理支出5万元。

【点评】

该案涉及对北京奥运会“祥云”火炬相关专利技术的保护问题，社会影响较大。该案所遇到的法律问题在专利审判领域比较新颖，涉及发明名称前修饰发明名称的形容词是否构成对技术方案进行限定的技术特征以及争议的技术特征与能产生独特技术效果的附加技术特征交织在一起时如何认定专利侵权。该案判决取得了良好的社会效果与法律效果，被告在二审判决生效后自动履行判决，使与奥运会有关的知识产权得到了及时、有效的保护。

案例五：百度 MP3 搜索侵犯信息网络传播权案

原告：环球唱片有限音乐公司（简称环球公司）

原告：华纳唱片有限公司（简称华纳公司）

原告：索尼音乐娱乐香港有限公司（简称索尼公司）

被告：北京百度网讯科技有限公司（简称百度公司）

【案情】

环球公司、华纳公司、索尼公司发现其享有录音制作者权的 128 首歌曲在百度公司的互联网百度 MP3 栏目中通过搜索框、榜单等模式，提供了链接以及相应的在线试听和下载服务。环球公司、华纳公司、索尼公司认为百度公司的上述行为侵犯了其对上述歌曲录音制品享有的信息网络传播权。

一审法院经审理认为，百度公司是根据网络用户的指令进行搜索、建立临时链接，基于这种服务的技术、自动和被动等性质，即使百度公司施予与其能力相当的注意，也难以知道其所提供服务涉及到的信息是否侵权。因此，百度公司设置搜索框供网络用户输入关键词搜索歌曲的行为以及设置榜单等模式，均不能证明其明知或者应知所链接的录音制品侵权，故不构成对三大唱片公司信息网络传播权的侵犯。原告不服，提起了上诉。二审合议庭准确查明案情，在中国互联网协会调解中心的协助下，经过多次调解，最终使双方在达成根本版权许可协议的基础上，就涉案纠纷达成和解协议，化解争议标的额达 6300 余万元。

【点评】

随着网络技术和网络产业的飞速发展，在线试听和下载音乐作品已经成为人们欣赏音乐作品的主要途径。但互联网上还存在不少未经权利人许可传播作品的现象。该案的成功调解，不仅使三起标的巨大的纠纷得以妥善处理，而且使权利人和作品的使用者达成长期合作，有效遏制了“网络盗版”的传播，从根本上维护了权利人的合法权益，极大激发了他们进行创作的积极性，同时又使亿万网民得以欣赏到正版音乐作品，切实实现了权利人与社会公众利益的平衡，体现了司法在保护文化产业发展中的重大作用。

案例六："开心网"商标侵权及不正当竞争案

原告：北京开心人信息技术有限公司（简称开心人公司）

被告：北京千橡互联科技发展有限公司（简称千橡互联公司）

被告：北京千橡网景科技发展有限公司（简称千橡网景公司）

【案情】

开心人公司在第42类餐馆、招待所等服务上拥有"开心"注册商标，并经营一家提供社会性网络服务的网站——"开心网"（kaixin001.com）。千橡互联公司和千橡网景公司也开办了一家提供社会性网络服务的网站——"开心网"（kaixin.com）。开心人公司认为其"开心网"（kaixin001.com）系知名网站，千橡互联公司和千橡网景公司使用"开心"作为网站名称、使用"kaixin.com"域名的行为侵犯了其注册商标专用权，同时构成对其知名服务特有名称"开心网"的仿冒，构成不正当竞争；在网站首页使用苹果笑脸与"开心网"文字组合标志，构成对"开心网"（kaixin001.com）网站首页星形笑脸及"开心网"文字组合标志这一知名服务特有装潢的仿冒，也构成不正当竞争。

法院经审理认为，千橡互联公司和千橡网景公司虽然在其经营的社交网站中使用了"开心网"标识和"kaixin.com"域名提供社会性网络服务，但鉴于该服务类别与涉案"开心"文字注册商标核准的服务类别不相同，亦不近似，并未侵犯开心人公司的注册商标专用权。开心人公司通过"开心网"（kaixin001.com）提供的社会性网络服务在2008年3月之后的较短期间即已构成知名服务，该网站名称作为网络用户识别该服务的最重要途径，构成该知名服务的特有名称，受《反不正当竞争法》保护。千橡互联公司在明知开心人公司通过"开心网"（kaixin001.com）提供的社会性网络服务已构成知名服务的情况下，使用该知名服务的特有名称"开心网"作为网站名称，在相同行业和领域中向公众提供社会性网络服务，使网络用户对二者提供的服务产生混淆，构成不正当竞争。开心人公司"开心网"网站首页的星形笑脸与"开心网"文字组合标志系该网站名称图标，并非《不正当竞争法》所称的装潢，故开心人公司据此所提诉讼主张，依据不足，不予支持。据此，判决被告不得使用与原告特有名称“开心网”相同或近似的名称，赔偿原告经济损失40万元。

【点评】

社交网站是新兴的网络商业模式，它在给互联网用户提供便利的同时，也引发了有关互联网行业竞争秩序方面的种种问题。此案引起了广大网络经营者、网络用户和媒体的广泛关注，被誉为“社交网站竞争第一案”。该案确定了具有一定知名度的社交网站构成知名服务，其网站名称可以作为知名服务的特有名称受到《反不正当竞争法》保护的原则。该案的处理结果规制了社交网站的竞争秩序，用司法填补了互联网行业竞争制度的空白，同时也对网络经营者具有一定的示范效应，收到了促进互联网行业进行合法、正当竞争的法律效果和社会效果。

案例七：方正倩体字库著作权案

原告：北京北大方正电子有限公司（简称北大方正公司）

被告：广州宝洁有限公司（简称宝洁公司）

被告：北京家乐福商业有限公司（简称家乐福公司）

【案情】

北大方正公司是“方正倩体字库”的著作权人。2008年，家乐福公司出售由宝洁公司生产的洗发水、香皂、卫生巾等67款被控侵权产品，其中包括了使用倩体“飘柔”的24款涉案产品。北大方正公司遂以被告侵犯其著作权为由，诉至法院。

法院经审理认为，被控侵权产品上使用的“飘柔”二字系由宝洁公司委托NICE公司采用“正版”方正倩体字库产品设计而成。NICE公司从北大方正公司购买了方正倩体字库产品，进而进行合理期待的使用行为，应视为经过北大方正公司的默示许可。在北大方正公司无明确、合理且有效限制的情况下，NICE公司有权使用倩体字库产品中的具体单字进行广告设计，并将其设计成果许可给宝洁公司及家乐福公司进行后续的复制、发行。因此，宝洁公司及家乐福公司实施的被控侵权行为应被视为经过北大方正公司的许可，不构成侵犯北大方正公司的著作权，据此，判决驳回北大方正公司的诉讼请求。

【点评】

该案是我国涉及“字库”著作权保护的典型案件，该案所涉问题也是当前我国知识产权保护中最为疑难的问题之一。对于汉字字库产品而言，购买者购买时首先考虑的并非其美感功能，而是其具体实用的工具功能，只有满足此需求，购买者才会考虑其美感而在不同字库产品之间进行选择。将字库中单字进行商业化使用是否构成侵犯著作权，要结合侵权判定的要件予以全面考虑，进而对汉字这一文化符号的正常使用与语言传承功能进行必要的保护。同时，权利人亦不能通过单方限制条款排除购买者的主要权利，阻碍其使用方式及使用范围的合理期待。所以，“字库”著作权的司法保护，既要保护汉字字库产品权利人的正当利益，又要保护汉字的语言文化传播、社会公众的选择需求自由等社会基本价值利益。

案例八：“中超”商标异议行政案

原告：中国足球协会

被告：国家工商行政管理总局商标评审委员会（简称商标评审委员会）

第三人：周军

【案情】

周军系第3383774号被异议商标“中超”的申请人，被异议商标指定使用在第33类果酒（含酒精）等商品上。原告在法定期限内向商标局提出异议申请。商标局经审查，在（2008）商标异字第04702号裁定中认定：中国足球协会称被异议人复制模仿并抢先申请注册其知名的、使用在先的“中超”商标证据不足。据此，裁定被异议商标予以核准注册。中国足球协会提出商标异议复审申请，商标评审委员会作出第11161号裁定：对被异议商标予以核准注册。原告遂提起行政诉讼。

法院经审理认为：中国足球协会提交的媒体报道等证据足以证明“中超”是“中国足球协会超级联赛”的简称，“中超”通过原告的长期使用和大量宣传，具有极高的社会知名度和商业价值。“中超”自其概念诞生之日起，就承继了甲A联赛在公众中的巨大影响力，中国足球协会在权威媒体上进行的宣传报道已使相关公众将“中超”与中国足球协会形成了唯一对应关系。因此，周军在第33类果酒（含酒精）等商品上注册被异议商标，易使相关公众认为其商品来源于中国足球协会或者与中国足球协会有关，从而导致对商品的来源产生误认，进而产生不良影响。第11161号裁定认定事实错误，予以纠正。据此，判决：撤销第11161号裁定、商标评审委员会重新作出裁定。

【点评】

该案关系到"中超"商标的保护问题，因涉及"中国足球协会超级联赛"这一中国最大的体育赛事，故影响巨大。识别商品来源为商标立法之根本，商标法既要保护生产、经营者利益又要保护消费者利益，如果某一商标在市场经济发展中已被社会公众接受为唯一指向，则不宜再由他人注册为商标，否则将导致商标信誉与商标专有性指向不一，进而使相关公众对商品来源产生混淆误认。针对"中超"商标异议一案，法院在各方当事人提交证据的基础上，对中国足球协会使用和宣传"中超"商标的情况以及周军申请注册"中超"商标对公众和社会的影响等因素进行全面、综合考虑，最终认定"中超"已与中国足球协会形成唯一对应关系，他人将"中超"注册为商标，易使相关公众对商品的来源产生误认，进而产生不良影响。

案例九："鸟巢"烟花著作权案

原告：国家体育场有限责任公司（简称国家体育场公司）

被告：熊猫烟花集团股份有限公司（简称熊猫公司）

被告：浏阳市熊猫烟花有限公司（简称浏阳熊猫公司）

被告：北京市熊猫烟花有限公司（简称北京熊猫公司）

【案情】

国家体育场公司对《国家体育场模型（The Model of National Stadium）》、《国家体育场夜景图（一）、（二）》依法享有著作权。被控侵权产品为"盛放鸟巢"烟花，由熊猫公司监制，浏阳熊猫公司生产，北京熊猫公司销售。被控侵权产品的创意设计及图纸由香港新兴公司设计，并以"招纸设计订单"转让予浏阳熊猫公司。

法院经审理认为，国家体育场属于《著作权法实施条例》所规定的建筑作品。原告依据相关合同取得涉案建筑作品的著作财产权。"盛放鸟巢"烟花产品的制造和销售，即对国家体育场建筑作品的复制和发行，构成对建筑作品著作权的侵犯。据此，判决熊猫公司、浏阳熊猫公司停止侵害、赔偿损失10

万元；北京熊猫公司停止侵权。

【点评】

该案为我国首例司法认定将建筑作品著作权跨类保护至工业设计产品的案件，具有重要的指导作用。该案判决表明，对建筑作品著作权的保护，主要是对建筑作品所体现出的独立于其实用功能之外的艺术美感的保护，只要未经权利人许可，对建筑作品所体现出的艺术美感加以不当使用，即构成对建筑作品著作权的侵犯，而不论此种使用是使用在著作权法意义上的作品中，还是工业产品中，亦即不受所使用载体的限制。

案例十："杰克·琼斯"商标侵权案

原告：绫致时装（天津）有限公司（简称绫致公司）

被告：崔焕所

被告：杜兴华

【案情】

绫致公司是"杰克·琼斯"商标的注册人，同时经许可在中国生产、经销和出售"JACK&JONES"商品，两商标均注册于第25类服装等商品上。绫致公司发现一个域名为jackjonescn. net，自称为"JACK&JONES中文官方网站"、"杰克琼斯中文网"的网站，利用上述商标进行搜索竞价排名，并在网站内大量使用上述商标销售服装，并声称为专柜正品。该网站的经营者为崔焕所，域名注册者为杜兴华。

法院经审理认为，二被告未经许可，在同一种商品的宣传、介绍和交易中使用与涉案商标相同或近似的商标，并销售侵犯涉案商标专用权的商品，足以导致相关公众误认为其域名、网站的所有人以及服装的提供者为绫致公司，构成商标侵权。据此，判决二被告停止侵权、消除影响，赔偿经济损失及合理支出共计199余万元。

【点评】

该案是一起典型的利用电子商务侵犯商标权的案件。被告实施了仿冒商标、域名侵权、假冒官网、竞价排名等一系列侵权行为，并通过网络销售侵权产品和网络支付等方式获得巨大非法利益。法院在审理中采取了财产保全、证据保全、调取电子销售记录等多种措施，最终认定了近200万元的赔偿额，充分保护了商标权人的合法权益，体现了人民法院加大知识产权司法保护力度的决心，在推动电子商务健康有序发展中起到了重要作用，取得了良好的社会效果。

[司法实务问题研究]

论民间借贷纠纷案件举证责任之分配

赵盛和*

一、问题提出——从一个典型案例说起

（一）案件事实及裁判理由

张某于2005年1月27日向黄某出具一字据，该字据的内容为："今收到黄某交来现金：币叁拾壹万元正。"后黄某持该字据向法院提起诉讼，称该笔款项系借款，要求张某返还。张某承认其确实收到了该笔款项，但辩称该笔款项是还款而非借款。

一审法院经审理认为：张某于2005年1月27日向黄某借款31万元事实清楚，证据确凿。张某辩称该借据是黄某向其偿还借款31万元的收款收据，但张某未提交相关证据予以证实，故张某依法应承担举证不能的法律后果。故判决张某在判决发生法律效力之日起15日内清还借款31万元给黄某。

一审判决后，张某不服，向二审法院提起上诉称：31万元不仅不是其向黄某的借款，反而是黄某对其的还款。2003年至2004年间，黄某因养猪及其他生意，资金周转困难，念在老相好份上，其分三次借给黄某31万元，后黄某在其多次催促下于2005年1月27日向其归还借款31万元。黄某曾在从化市经营过油站，为人精明，如果黄某真是借给其巨款31万元，黄某又怎会不严格把关，将借据写成收据？故请求：（1）撤销原判，驳回黄某的诉讼请求；（2）诉讼费由黄某负担。黄某辩称：（1）原审判决认定张某拖欠其借款31万元有充分的证据予以证明。由于张某做水果生意资金周转不灵，因此向其借款

* 广东省高级人民法院立案二庭法官。

31万元周转。(2)张某认为在2005年1月27日收取的31万元是其还款给张某，张某对此主张亦不能提供任何证据。(3)无论字据是写“借到”或“收到”，张某都否认不了在2005年1月27日拿取其31万元借款的事实。张某企图以字条内容“收到”与“借到”的差异否认拖欠其借款31万元是没有任何依据的。

二审法院认为，根据民事诉讼法第六十四条第一款及《最高人民法院关于民事诉讼证据的若干规定》第二条、第五条第一款的规定，黄某以张某曾向其借款为由要求返还，其应当对双方之间成立有效的借款合同关系的各要件事实承担举证责任。而黄某提供的由张某出具的字据，仅能证明张某收到黄某给付的31万元款项，并不能证实该款项是黄某所主张的借款，由于黄某没有提供充分的证据证实该笔款项的性质属于借款，故其应当承担举证不能的不利后果。遂依照民事诉讼法第六十四条第一款、第一百五十三条第一款第(三)项、《最高人民法院关于民事诉讼证据的若干规定》第二条、第五条第一款、合同法第一百九十六条、第二百一十条的规定，判决如下：(1)撤销原审判决；(2)驳回黄某的诉讼请求。本案一、二审案件受理费各7160元，均由黄某负担。

(二)主要争议、观点及理由

这是一个典型的民间借贷纠纷案件，本案争议的焦点在于：对于一方当事人(原告)要求另一方当事人(被告)返还借款的民间借贷纠纷案件应当如何分配举证责任。对此问题，司法实践中主要有两种不同的观点：

一种观点认为，在民间借贷纠纷案件中，原告只需证实被告已经收到其提供的款项的事实，就可以认定双方之间成立借款合同关系。如果被告认为其收到的款项并非借款而是还款的，其应当对原告向其提供的款项属于还款的事实承担举证责任。显然，一审法院就持该种观点。

第二种观点则认为，在民间借贷纠纷案件中，原告应当对其与被告之间成立借款合同关系承担举证责任，即原告不仅仅要证实其已经向被告提供了款项，而且还要进一步证实其向被告提供的款项属于借款。如果原告仅能证实被告收取了其相应款项，而对于该笔款项是属于原告所主张的其向被告提供的借款，还是被告辩称的原告归还其的款项的事实处于真伪不明状态时，原告应当承担举证不能的不利后果。显然，二审法院持的是该种观点。

二、理论研讨——举证责任的分配与法律要件事实理论

（一）举证责任的内涵

法彦有云，“举证责任是民事诉讼的脊梁”，“举证责任之所在，败诉之所在”。由此可见举证责任在民事诉讼中的重要地位。一般认为，举证责任分为行为意义上的举证责任和结果意义上的举证责任两种，行为意义上的举证责任又称主观上的举证责任或者提供证据责任等，是指在诉讼进行的各阶段，当事人为了避免败诉危险而承担的向法院提出证据的行为责任。结果意义上的举证责任又称客观上的举证责任、说服责任等，是指引起法律关系发生、变更或者消灭的构成要件事实处于真伪不明状态时，当事人因法院不适用以该事实存在为构成要件的法律而产生的不利于自己的法律后果的负担。① 简言之，结果意义上的举证责任就是经过当事人举证、法院查证，案件事实仍处于真伪不明状态时，一方当事人应当承担不利的后果。

为了更好地理解举证责任的这两层含义，我们首先对结果意义上的举证责任作进一步的分析：

1. 结果意义上的举证责任是案件处理真伪不明的情况下，由一方当事人承担的不理后果的风险

我们都知道，对于一个具体的案件，经过当事人的举证和法院的查证，最终案件的事实无非是下列两种情形之一：案件事实真伪分明或者案件真伪不明。案件事实真伪分明的，又可以分为两种情况，一是原告方所陈述的事实是真实的，在这种情况下，法官会作出有利于原告的判决；二是被告方所陈述的事实是真实的，在该种情况下，法官则应作出不利于原告的判决。然而，由于人类认识能力的局限性，以及诉讼制度本身的诉讼效率、正当程序等价值的要求，有时案件事实最终会处于真伪不明的状态，此时，法官应当如何处理呢？众所周知，法院是国家的审判机关，一方面享有审判权，另一方面又负担着审判义务，在任何情况下，其均不得拒绝审判。即便是在经过法庭调查，案件事实仍然处于真伪不明的情况下，法官仍然应当作出裁判。那么，在案件事实处理真伪不明的情况下，法官应当如何作出判决呢？这就是结果意义上的举证责任要解决的问题。此时，法官应当判令由承担结果意义上的举证责任的一方当事人（即可能是原告，也可能是被告）承担不利的后果。

---

① 常怡主编：《民事诉讼法学》，中国政法大学出版社1999年版，第202页。

2. 行为意义上的举证责任与结果意义上的举证责任的区别[①]

第一，两者的价值不同。当事人承担行为意义上的举证责任的意义有两个：一方面，法院的裁判必须以一定的事实为依据，当事人只有提供相应的证据证实自己的主张以及抗辩，才更可能获得法院的支持；另一方面，民事诉讼所解决的是民事纠纷，如果完全依靠法院进行调查取证，既不可能，也不现实。为了更有效率地完成诉讼过程，当事人也有必要提供证据。而当事人承担结果意义上的举证责任的意义在于：在案件事实处于真伪不明的时候，法官同样可以作出判决。

第二，两者适用的条件不同。在诉讼过程中，双方当事人会提供证据支持自己的主张和反驳对方的主张，如果一方提供的证据使法官形成了有利于该方的心证[②]时，对方则应当提供或者进一步提供证据，以避免承担不利后果，这就是所谓的行为意义上的举证责任。可见，一方承担行为意义上的举证责任的前提是对方当事人提供的证据使法官形成了心证（即案件事实已经被初步证明）。如果经过双方当事人的举证和法院的查证，最终法官没有对于案件的事实形成心证的，即案件事实最终真伪不明的，法官基于不得拒绝裁判的义务，应当判决承担结果意义举证责任的一方当事人（即可能是原告方也可能是被告方）承担败诉结果。可见，承担结果意义举证责任的前提是案件事实真伪不明，即案件事实最终没有被证明。

第三，两者的承担不同。对于同一事实构成要件，双方当事人均应当提供证据，即双方均要承担行为意义上的举证责任。例如，原告起诉被告要求其返还借款，原告应当提供证据证明双方之间存在借款合同。如果被告否认双方之间存在借款合同的，则要提供证据证明双方不存在借款合同关系，即对于双方是否存在借款和同这一事实，双方均会承担提供证据的责任。然而，对于这一事实，只能由一方承担结果意义的举证责任，即经过双方的举证以及法院依法查证，法官最终仍然无法认定双方是否存在借款合同关系，案件处于真伪不明的状态时，则应当由原告承担结果意义的举证责任。可见，对于同一事实构成

① 关于两者的区别，有学者列举的多达十处。参见李浩：《民事证明责任研究》，法律出版社2003年版，第23～32页。

② 此处所说的形成心证，是指法官对于事实已经作出了初步认定，即当事人提供的证据已经初步达到了证明标准。至于法官形成心证的标准（证明标准）应采取客观真实标准、内心确信标准还是优势证据标准，本文不作详述。

要件，仅有一方当事人承担结果意义上的举证责任。

第四，两者是否会发生转移不同。一般情况下，结果意义上的举证责任是不会发生转移的[①]，举证责任的转换应主要指行为意义上的举证责任的转移。行为意义上的举证责任是随着法官的心证的变化而在双方当事人之间转换的。对某一待证的法律要件事实，首先应当由承担结果意义上举证责任的一方（本方）提供证据，如果该当事人提供的证据使法官形成了有利于他的心证（即待证事实已经被初步证明），则对方当事人（反方）应当提供相反的证据来推翻法官已经形成的心证，如若不然，其将承担不利的后果。反之，如果反方提供的证据使法官初步形成的心证发生动摇，甚或已经形成了有利于反方的心证的，则行为意义上的举证责任就又落到了本方。可见，行为意义上的举证责任是可以不断在双方当事人之间转移的。而结果意义上的举证责任则不同，其原则上是由实体法以及举证责任的分配规则预先设定的，即当某一具体的待证事实如果最终处于真伪不明状态时，只能由一方承担不利的后果，而应该由谁来承担这一后果，实体法或者举证责任的分配规则在诉讼发生前就已经设定好了。

第五，能够预先在双方当事人之间进行分配不同。结果意义上的举证责任解决的是在案件处于真伪不明的时候由哪一方当事人承担不利后果的问题，其事先已经在双方当事人之间分配好了，一旦出现真伪不明的情况，法院就可以根据分配规则判决承担结果意义上的举证责任的一方当事人承担不利后果。而行为意义上的举证责任则不同，其不存在实现分配的问题，其是随着法官的心证的变化而在双方当事人之间进行转移的。

（二）举证责任分配的主要理论

一般认为，双方当事人对于争议的案件事实，均应当提供相应的证据，即均负有行为意义上的举证责任，故行为意义上的举证责任并不存在分配的问

---

① 在大陆法系国家，法律上的推定可以使结果意义上的举证责任发生转移，而在英美法系国家，除非法律另有规定的，法律上的推定职能转移行为意义上的举证责任，而不能转移结果意义上的举证责任。《最高人民法院关于民事诉讼证据的若干规定》第九条规定："下列事实，当事人无需举证证明：（一）众所周知的事实；（二）自然规律及定理；（三）根据法律规定或者已知事实和日常生活经验法则，能推定出的另一事实；（四）已为人民法院发生法律效力的裁判所确认的事实；（五）已为仲裁机构的生效裁决所确认的事实；（六）已为有效公证文书所证明的事实。前款（一）、（三）、（四）、（五）、（六）项，当事人有相反证据足以推翻的除外。"根据该条的规定，除自然规律及定理不允许推翻的事实外，包括事实上的推定在内其他免证事实均可以使结果意义上的举证责任发生转移。

题。而当争议的案件事实处于真伪不明的状态时，则只能由承担结果意义上的举证责任的一方承担不利后果，也就是说，结果意义上的举证责任是在诉讼发生之前，就已经通过实体法以及程序法分配给了一方当事人。

举证责任的分配的学说，发端于罗马法。罗马法初期，法学家们提出了分配举证责任的两个原则：第一，原告有举证的义务；第二，提出主张的人有证明的义务，否定的人没有证明义务。罗马法初期提出的这两条原则，经过罗马法注释时期、德国普通法时期，逐渐演变成大陆法系中德、日两国现代民事诉讼理论中的两大学说——待证事实分类说和法律要件说。

1. 待证事实分类说

该说又有两种，第一是消极事实说，该说认为，主张积极事实的人，应当承担举证责任，而主张消极事实的人则不负举证责任。第二是外界事实说，该说依事实能否通过人的五官从外部加以观察，将待证事实分为外界事实和内界事实。前者如合同的订立和履行，婚姻的缔结等；后者如侵权行为人的故意或者过失，第三人的善意还是恶意等。该说认为外界事实易于证明，故主张的人应负举证责任；内界事实无法从外部直接感知，极难证明，故主张的人不负举证责任。

2. 法律要件分类说

该说又有德国学者罗森贝克的规范说和莱昂哈德倡导的全备说。由于罗森贝克的规范说至今还处于通说的地位，故仅就规范说作简要的介绍。

罗森贝克的分配理论建立在纯粹的实体法规范结构的分析之上。从法律规范相互之间的逻辑关系寻找分配的原则。罗森贝克将所有的实体规范首先分为彼此对立的两大类：一类能够产生某种权利的规范。这些规范被称为“基本规范”（或“请求权规范”、“主要规范”、“通常规范”）。另一类规范是与产生权利规范相对应的，妨碍权利产生或使已经产生的权利复于消灭的规范。这类规范又可以进一步分为三类：权利妨碍规范、权利消灭规范和权利受制规范。例如，民间借贷纠纷案件中，关于借贷人可以请求借用人返还借款的规定就是权利产生规范；关于债权因债务履行而消灭的规定属于权利消灭规范；关于未成年人意思表示的规定就是权利妨碍规范；关于时效的规这则是权利受制规范。以后，罗森贝克又将权利受制规范并入权利妨碍规范之，将所有规范只分为三类。罗森贝克在对实体法规范作了上述分类之后，便对适用上述规范所要求的事实的证明进行分配。主张权利存在的人，因为要求适用关于权利产生的规范，因此，应就权利产生的法律要件事实举证。例如，主张对方损害赔偿，就必须满足损害赔偿的法律要件。这些要件是：（1）损害事实的存在；（2）加害人有主观上的过错；（3）损害事实与行为人的行为有因果关系；（4）加害人实施了加害行为。如果赔偿请求权人不能对这些要件事实加以证明，就不能适用关于损害赔偿的法律规范，请求人的请求权也就不能成立。相应地，否认权利存在的人，应对妨碍该权利的法律要件举证；主张权利消灭的人，应对权利已经消灭的法律要件事实举证；主张权利受制的人，应对权利受制的法律要件事实举证。依据罗森贝克的观点，之所以要进行这样的划分，是因为法官适用法律时，首先必须确认适用该法律的法律要件事实存在，然后才能适用。主张的当事人如果不能证明该法律要件事实的存在，法官就不能依据该当事人的请求适用该法律，确认其该法律效果的存在。正是由于罗氏立足于实体法律规范的相互关系，分析法律规范用语与内容的关系，以法律条文为证明责任分配的依据，所以，罗氏的分配理论就称为“规范说”。①

3. 德国法学理论界提出的新学说

罗森贝克的“规范说”虽然为各国的通说，但其并非不存在任何问题，为了更合理地分配举证责任，德国学者又提出了危险领域说、盖然性说、损害归属说以及利益衡量说等诸多观点，限于篇幅，此不赘述。

（三）我国关于举证责任分配问题的规定

对于举证责任的问题，2002 年 4 月 1 日起施行的《最高人民法院关于民事诉讼证据的若干规定》（以下简称《证据规定》）有比较明确定的规定。《证据规定》第二条规定：“当事人对自己提出的诉讼请求所依据的事实或者反驳对方诉讼请求所依据的事实有责任提供证据加以证明。没有证据或者证据不足以证明当事人的事实主张的，由负有举证责任的当事人承担不利后果。”该条既对举证责任的含义作了明确，又对举证责任的分配作了原则性的规定。应该说，该规定是以规范说为基础的，即主张权利发生的当事人对权利的发生承担举证责任，而主张权利消灭、妨害或者限制的当事人则对权利的消灭、妨害或者限制承担举证责任，如果无法提供证据证明的，将要承担不利的后果。然而，如同民事诉讼法所确定的“谁主张，谁举证”的举证责任分配的原则一样，“当事人对自己提出的诉讼请求所依据的事实或者反驳对方诉讼请求所依

① 参见张卫平：《民事诉讼法》，法律出版社 2004 年版，第 208 页。

据的事实有责任提供证据加以证明”的表述还是过于抽象，为此，《证据规定》第四条对侵权纠纷案件的举证责任作了更明确的分配，[①] 第五条对合同纠纷案件以及代理权纠纷案件的举证责任的分配作出了具体规定，第六条对劳动争议案件的举证责任分配作出了特殊规定，第七条对举证责任分配作出了弹性规定，其赋予法官在分配举证责任方面的自由裁量权。因为规范说并不是十全十美的，其已有很多的缺点，并且受到了很多的攻击。[②] 为了弥补规范说自身的缺陷，《证据规定》对举证责任的分配作出了这一弹性规定。

三、实务解析——民间借贷的构成要件与举证责任的分配

如前所述，民事诉讼举证责任分配的通说观点是罗森贝克的规范说，该学说也为我国理论及司法实务界所普遍接受。根据我国相关法律及规范说观点，在民间借贷纠纷案件中，原告应当对其与被告之间成立民间借贷关系承担举证责任。下面，就结合上述案例，作进一步的分析。

（一）从民间借贷关系的构成要件看举证责任的分配

合同法第一百九十六条规定：“借款合同是借款人向贷款人借款，到期返还借款并支付利息的合同。”该法第二百一十条规定：“自然人之间的借款合同，自贷款人提供借款时生效。”根据上述规定，民间借贷关系（即自然人之间的借款合同关系）的成立生效的要件有二：一是当事人之间有借款、还款的约定；二是贷款人已经向借款人给付了借款。

民事诉讼法第六十四条第一款规定：“当事人对自己提出的主张，有责任提供证据。”《证据规定》第二条规定：“当事人对自己提出的诉讼请求所依据的事实或者反驳对方诉讼请求所依据的事实有责任提供证据加以证明。没有证据或者证据不足以证明当事人的事实主张的，由负有举证责任的当事人承担不

① 该条所规定的就是我们通常所说的“举证责任的倒置”的情形。笔者认为，在存在过错推定或者因果关系推定的情况下，对方当事人应当承担其没有过错或者行为与损害结果没有因果关系的举证责任，将该种情况称为“举证责任倒置”未尝不可。除此之外，将所谓的“举证责任倒置”称为举证责任分配的一种特殊原则更为妥当。从侵权责任的构成要件的角度来讲，其有积极的要件和消极要件之分，而所谓的消极要件，又称为免责事由，受害人主张行为人侵权的，其只要举证证明行为人的行为符合侵权责任的积极要件，其无需举证证实行为人不存在免责的事由。如果行为人主张存在免责事由得，其应当对此承担举证责任。例如，根据民法通则，高危作业致人损害的侵权责任的免责事由为受害人的故意，因此，如果高危作业人如果主张存在受害人故意的免责事由的，则其当然也应当承担举证责任。当然，鉴于不论是理论界还是实务界均已经采用“举证责任倒置”的概念，我们毋需抛弃“举证责任的倒置”而采用其他的术语，但在观念上我们应该明确，此时，所谓的“举证责任的倒置”不过是举证责任分配的一种特殊规则而已。

② 张卫平：《证明责任的分配》，载中国民商法律网 http://www.civillaw.com.cn.

利后果。”该规定第五条第一款规定：“在合同纠纷案件中，主张合同关系成立并生效的一方当事人对合同订立和生效的事实承担举证责任；主张合同关系变更、解除、终止、撤销的一方当事人对引起合同关系变动的事实承担举证责任。”根据上述规定可知，民间借贷纠纷案件中，原告应当对其与被告之间成立有效的借款合同关系承担举证责任。上述案例中，黄某以张某曾向其借款为由要求返还，其应当对双方之间成立有效的借款合同关系的各要件事实承担举证责任，否则其将要承担举证不能的不利后果。因此，在民间借贷纠纷案件中，原告不仅仅要举证证实其向被告提供了款项，而且要举证证实其向被告提供的款项是借款，即双方之间有借款、还款的约定。在上述案例中，黄某为证实其主张，除其陈述之外，仅提供了由张某出具的字据，然而，该字据仅能证明张某收到黄某给付的31万元款项，并不能证实该款项是黄某所主张的借款，更无法排除张某所辩称的该笔款项是还款的可能性。

还需特别指出的是，黄某给张某31万元是其向张某提供的借款还是其归还张某的款项，属于同一事实的两面，而不是两个独立的事实。详言之，如果黄某能够证实其给张某的这31万元是借款，则自然否定了张某所辩称的该笔款项是还款的事实；反之，如果张某能够证实黄某给其的该笔款项是还款，也就当然否定了黄某所主张的该笔款项系张某向其借款的事实。既然是一个事实，自然也就只能由一方承担举证责任。而如前所述，不论是根据民事诉讼法及《证据规定》等程序法的规定，还是根据合同法等实体法的规定，在民间借贷纠纷案件中，均应当由原告就其主张的其向被告提供的款项是借款的事实承担举证责任。因此，被告自然也就无需对其收取的款项是原告还款承担举证责任。当然，这里所说的举证责任是指结果意义上的举证责任。在具体民间借贷纠纷诉讼中，双方当事人均负有行为意义上的举证责任，即原告应当就其给被告的款项系借款的主张提供证据，而被告也应当积极地就其收到的款项系还款的陈述提供证据。当然，在经过双方当事人的充分举证，法官仍然无法对该笔款项是借款还是还款这一事实形成“心证”，即该事实处于真伪不明的情况下，由于原告对该事实承担结果意义上的举证责任，故应当判决由原告承担不利的后果。

（二）从交易习惯看民间借贷纠纷案件的举证责任分配

民间借贷的双方当事人之间往往不会签订一份规范的借款合同，而仅仅是由一方向另一方出具一个简单的字据，通常的做法是：贷款人向借款人提供借款的同时，由借款人向贷款人出具“借条”；而借款人向贷款人还款时，则由借款人收回其向贷款人出具的“借条”，或者由贷款人另行向借款人出具“收条”。可见，在民间借贷纠纷案件中，正确界定一方所持字据的性质，对正确认定事实具有十分重要的意义。上述案例中，从原告黄某所持字据的内容来看，其应属于张某向其出具的“收条”而非“借条”，故黄某仅凭该字据并不能证实其主张的张某曾向其借款31万元的事实。

综上所述，根据民事诉讼法第六十四条第一款、《最高人民法院关于民事诉讼证据的若干规定》第二条、第五条第一款以及合同法第一百九十六条、第二百一十条的规定，在民间借贷纠纷案件中，原告应当就其与被告之间存在借款合同关系承担结果意义上的举证责任。一审法院错误分配举证责任导致错误判决，二审法院所持观点和结论是正确的。

试论机动车交通事故责任强制保险合同中“第三者”范围之界定

谢朝宏*

一、问题的提出

案例一：2008 年 2 月 23 日 9 时 50 分，杨某驾驶汽车沿祝荡路由北向南行驶时，因迷路而下车问路，但下车前忘记拉手制动，致车辆溜行，撞上刚好走在车前的杨某本人，造成事故，杨某身亡，交管部门认定杨某负事故全部责任。杨某的妻子万某、母亲钱某及其三名子女向法院起诉要求保险公司按机动车交通事故责任强制保险规定赔偿死亡赔偿金 11 万元，但保险公司认为，杨某是被保险人，依据保险条款，被保险人不是合同约定的“第三者”，因此保险公司不负赔偿责任。

案例二：战某在某保险公司处投保了机动车交通事故责任强制保险。在保险期间内，战某驾驶该车时发生事故，致乘车人孙某从车上摔落地面后被该车碾轧，经抢救无效死亡。事故发生后，战某赔偿受害人损失 6 万元，又向法院起诉要求某保险公司在交强险范围内理赔，某保险公司以受害人是车上人员、不属交强险理赔范围为由拒绝赔偿。

上述两个案例都涉及到交强险合同中“第三者”范围的界定。交强险具有为他人利益合同之性质，受害者须为符合“他人性”之“第三者”，保险人直接向该“第三者”赔付。故对交强险而言，厘清“第三者”之范围至关重要。

《中华人民共和国道路交通安全法》和与其相配套的《机动车交通事故责

* 作者单位：浙江省宁波市镇海区人民法院。

任强制保险条例》（以下简称《交强险条例》）、《机动车交通事故责任强制保险条款》（以下简称《交强险条款》）等一系列规定，构建了我国机动车交通事故强制保险（以下简称“交强险”）的基本法律框架，为保护交通事故受害人的合法权利提供了重要的法律保障，体现了以人为本，建设和谐社会的基本理念。但并非所有交通事故的受害人都属于交强险保障对象的法定范围，《交强险条例》第三条规定：“本条例所称机动车交通事故责任强制保险，是指由保险公司对被保险机动车发生道路交通事故造成本车人员、被保险人以外的受害人的人身伤亡、财产损失，在责任限额内予以赔偿的强制性责任保险。”《交强险条例》第四十二条第二款规定：“被保险人，是指投保人及其允许的合法驾驶人。”依据上述规定，交强险的保障范围应是排除车上人员、投保人及其允许的合法驾驶人以外的受害人，即“第三者”。

将被保险人排除在“第三者”范围之外，符合交强险的原理和多数国家的通行做法，有利于防止道德风险。而将本车人员排除在“第三者”范围之外，其主要是考虑以下几个方面：一是考虑到交强险的赔偿限额、投保人的实际承受能力的限制，不宜盲目扩大范围；二是基于乘车人与驾驶人建立了一种信任关系，对可能发生的风险有一定的预测和认识；[①] 三是对客运车辆出现的群死群伤事故，已通过其他制度实现了保障。《道路运输条例》第三十六条规定，客运车辆从事客运服务必须购买承运人责任险。本车人员相应的责任保障已得到实现，无须在机动车交通事故责任强制保险制度中重复规定。

二、“本车人员”和“第三者”之界定

笔者认为，要界定交强险合同“第三者”的范围，必须厘清“第三者”和“本车人员”两个概念。

（一）何为“本车人员”

所谓“本车人员”，亦称车上人员，是指被保险机动车上所载的乘客，与车下人员相对应。究竟何为本车人员，理论上对此有三种理解。一种是“依附说”，即机动车辆保险的保险财产是机动车辆而非人员，所谓本车人员就应当与车辆视为一体。当人员与车辆相分离，其依附于机动车辆的特定身份就改变了，就不再是本车人员，而已成为第三者了。二是“承运关系说”，合同法规定乘客与承运人之间形成运输合同关系，承运人应当对从起运地点到约定地

① 姜燕：《乘者摔地后被碾，是否第三者》，载《道路交通管理》2011年第1期，第67页。

点的整个运输过程中乘客的伤亡承担损害赔偿责任。不论乘客发生损害时是在车上还是车下，只要在运输过程中都应当是车上人员。三是条款解释说，《机动车辆保险条款解释》认为，本车上的一切人员是指意外发生瞬间，在本保险车上的人员。[①] 这三种理解存在共性，即因交通事故发生，在保险车辆上受损的人员为本车人员，但对于本来在车上后因交通事故而在保险车辆外受损的人员是否是本车人员却认识不一。

笔者认为，承运说只反映了一部分人员的乘客情况，事实上还存在大量非营运保险车辆，仅依据客运合同来判断是第三者还是本车人员，并不能解决问题。此外，《交强险条例》约定排除在交强险保险责任范围外的是“本车人员”而非本车的“乘客”，故对“本车人员”的认定不应与运输合同承运关系终止与否相关联，应首先考虑人员所处的空间位置。《机动车辆保险条款解释》已被废除，以其为依据的条款解释说不应采纳。依附说则体现了实事求是的精神，也符合交强险的原理，应作为判定“本车人员”的理论依据，故判断因保险车辆发生意外事故而受害的人是否属于“本车人员”，必须以该人在事故发生当时这一特定的时间是否与保险车辆分离为依据，在车上即为“本车人员”，在车下即为“车下人员”。

（二）何谓“第三者”

交强险是在商业机动车责任保险的基础上发展起来的，究其本质，仍然属于责任保险的范畴。[②] 而责任保险，又称第三者责任保险，是指被保险人依法对第三者负损害赔偿责任时，由保险人负补偿责任的保险。[③] 道路交通安全法第七十六条将这种强制性责任保险直接命名为“机动车第三者责任强制保险”，明确了其作为第三者责任险的性质，虽然《交强险条例》又将这种强制保险重新命名为机动车交通事故强制保险，去掉了“第三者”三字，但并未改变其作为第三者责任险的性质。对于“第三者”的界定，在不同国家、地区，甚至不同的场合、时期都有较大的区别。

道路交通安全法第七十六条规定：“机动车发生交通事故造成人身伤亡、财产损失的，由保险公司在机动车第三者责任强制保险责任限额范围内予以赔

---

① 邹志洪：《机动车交通事故责任强制保险法律实务指引》，法律出版社2006年版，第4页。

② 刘炤、杨华柏、郭左践：《机动车交通事故责任强制保险条例释义》，法律出版社2006年版，第8页。

③ 同②，第7页。

偿”，并未将本车人员和被保险人排除在第三者范围外。而根据《交强险条例》第三条的规定，交强险的“第三者”应为“本车人员、被保险人以外的受害人”。中国人民保险公司拟定的《机动车第三者责任保险条款》第三条则规定：“本保险合同中的第三者是指除投保人、被保险人、保险人以外的，因保险车辆发生意外事故遭受人身伤亡或财产损失的保险车辆下的受害者。”第六条又规定了排除条款：“保险车辆造成下列人员伤亡或财产损失，不论在法律上是否应当由被保险人承担赔偿责任，保险人均不负赔偿责任：（一）被保险人及其家庭成员的人身伤亡、所有或代管的财产损失。（二）本车驾驶人员及其家庭成员的人身伤亡、所有及其代管的财产损失。（三）本车上其他人员的人身伤亡或财产损失。”细究各规定可见，《交强险条例》规定的第三者之范围小于道路交通法之规定，明文排除了本车人员、事故发生时非驾驶机动车的被保险人；而中国人民保险公司拟定的格式条款，其第三者范围较《交强险条例》更窄，除将本车人员、被保险人、驾驶员排除外，亦将驾驶人、被保险人之家庭成员排除在第三者范围外。[①]《交强险条例》为构建交强险法律制度的基本法律，我们应以其界定的范围来认定“第三者”。

三、特殊情况下交强险合同中“第三者”的认定

虽然《交强险条例》明确了“第三者”的范围，但如何认定交通事故的受害人是否属于交强险合同中的第三者仍不是一个简单的问题。在特殊情况下，交通事故受害人是否为第三者，一直是司法实务界的一大难题，本文主要讨论两种情况下“第三者”的认定。

（一）离开被保险车辆的驾驶员是否属于“第三者”

《交强险条例》第三条明确规定交强险受害人的范围应排除本车人员和被保险人，而交强险合同中的被保险人是指投保人及其允许的合法驾驶人。也就是说，交强险的被保险人与一般意义上的被保险人有明显区别，其是依据投保人而确定，而并不限于保险单上载明的人，条例之所以有这一规定，目的是扩大交强险的保障范围，而凸显出由随人主义向随车主义转变的痕迹。即只要被保险的机动车肇事，保险公司在一般情况下就需赔偿，而无论驾驶车辆的人是否为被保险人。故位于被保险车辆上的驾驶员毫无疑问不属于交强险合同中的

① 王晴、任经华：《机动车第三者责任强制保险之“第三者”问题探析》，载《南方论刊》2010年第8期。

第三者范围，但离开被保险机动车的驾驶员是否属于第三者？如本文开头提到的第一个案例，驾驶员被自己驾驶的车辆撞死，此时驾驶员是否属于交强险合同中的第三者，保险公司是否应在交强险责任限额内赔偿？司法实务界存在两种截然不同的观点。

一种观点认为，离开驾驶车辆的驾驶员属于交强险合同中的第三者范围。理由为：一是驾驶员并不是一种固定的身份，而是一种临时的状态。当驾驶员驾驶车辆时，是交强险合同所指的驾驶员。而当驾驶员离开机动车后，其身份发生转变，其相对于保险车辆而言，属于第三者的地位。故其被所驾车辆撞死，应属于交强险合同中的受害人。① 二是《机动车交通事故责任强制保险条例》将被保险车辆的本车人员及被保险人从交强险合同的第三者中剔除，但按照一般理解，被保险人死于被保险车辆是有致害人的，这个致害人就是被保险人或者是投保人及其允许的合法驾驶人。驾驶员被所驾车辆撞死，并没有致害人，也不是死者的意志所为，在法律法规没有明确规定下，对上述法律规定的理解应当体现公平与正义、体现扶弱济困的精神。保险公司应在交强险范围内赔偿。第二种观点认为，离开机动车的驾驶员仍应排除在交强险合同“第三者”的范围。

笔者支持第二种观点，理由如下：

1. 驾驶员虽身处车外发生交通事故，但其下车行为并没有改变其“驾驶员”的身份，驾驶员应属于被保险人之列，被排除在交强险中的受害者范围。

2. 交强险系法定险种，其功能主要是鉴于机动车的高度危险性及其通常所可能产生的巨大破坏性而对由此可能产生的对他人损害提供社会救助，这种社会救助是以救助受机动车损害的第三者为立法目的，其保护的对象主要是机动车之外的第三人及他人财产，而非以向机动车提供运行保障为目的。即交强险最直接的目的是为交强险合同以外的第三者提供救济，保护的首要利益是第三者的利益，而不是为机动车提供营运保障。

3. 从保险合同与整个合同法体系的关系而言，保险合同系最大诚信合同，防止投保人的道德风险一直是保险法律关系研究的重要课题之一，交强险基于其社会救助的特殊性，道德风险防范尤显重要，故在立法时，将本车人员、被

---

① 张毅：《驾驶员被自己车撞死，交强险不赔》，载2009年6月12日《中国保险报》第6版。

保险人均明确排除在第三者之外。[①]《交强险条例》以两个条文从不同的角度对此予以明确，其立法用意即是防范道德风险。因此，不论驾驶员是否脱离被保险车辆，其均不可能成为交强险合同所指称的“第三者”，不能向保险公司请求赔偿。

（二）离开投保车辆的乘客是否属于“第三者”

机动车发生紧急情况，乘客为避险被迫跳车后被所乘车辆碾压致死，乘客是否属于第三者？或如本文开头提到的第二个案例，机动车发生事故致使乘客被甩出车外造成伤亡，该乘客是否属于“第三者”？由于对“第三者”存在不同的理解，不同法院出现了截然相反的判例。

一种观点认为，《交强险条款》第五条规定：“交强险合同中的受害人，是指因被保险机动车发生交通事故遭受人身伤亡或财产损失的人，但不包括被保险机动车本车车上人员、被保险人。”虽然人员受损时所处的空间位置对判断是第三者或本车人员很重要，但也不具备绝对性。保险车辆在使用过程中致使本车人员被甩至车外伤亡或落地后被所乘车辆碾压造成伤亡的，尽管人员伤亡发生在保险车辆外，但受害人从车上摔下至死亡是一个不可分割过程，造成人员伤亡的直接、决定性原因是受害人还在车上时的意外事故，受害人仍属于本车人员而不是第三者。[②]，故保险公司无需承担保险责任。第二种观点认为，离开机动车的乘客属于交强险合同中的“第三者”。

笔者同意第二种观点，理由如下：

1. 本车人员与被保险人的身份是不一样的，保险合同一成立，被保险人的身份就确定了，非经法定或约定的情形不会发生变化。而本车人员的身份是由特定的空间范围确定的，仅指发生意外事故时身处保险车辆之上的人员。基于第三者和本车人员均为特定时空条件下的临时身份，两者可以因特定时空条件的变化而变化。判断因保险车辆发生意外交通事故而受害的人属于第三者还是属于本车人员，必须以该人在交通事故发生当时这一特定的时间是否身处保险车辆之上为依据，而交通事故发生的时间，应当从受害者受到伤害时开始，而不是从危险的发生时起算。交通事故发生时，乘客不是在被保险车辆之上，

① 章豪杰：《交通事故中车上人员与“第三者”之区分》，载2011年2月23日《人民法院报》第7版

② 邹志洪：《机动车交通事故责任强制保险法律实务指引》，法律出版社2006年版，第5～6页。

而是在该车辆之下。故乘客此时属于第三者。

2. 在法律法规没有对"第三者"范围进行明确界定时，对保险格式合同中关于"第三者"范围约定的条款，应当作出对受害者相对有利的解释。保险法对第三者的范围没有明确规定，允许在保险合同中作出限定。保险公司的保险格式合同往往作出有利于己方的约定。对此，人民法院在审理案件时，面对保险合同关于"第三者"范围的约定条款，应依据合同的目的、缔约的性质，以及合同法第四十一条关于"对格式合同有两种以上解释，应当作出不利于提供格式条款一方的解释"的规定，充分考虑受害者的合法权益的前提下，作出相应的判定。若随意缩小第三者的范围，将事发前为"本车人员"但事发时为"车下人员"予以排除，不给予法律的同等保护，既不符合法理，也违背了宪法、民法通则的平等原则及公平原则。

3. 从交强险的社会功能来看，设立交强险旨在确保第三者因意外事故受到人身伤害时能够从保险人处获得赔偿，避免因机动车所有人和驾驶员没有赔偿能力而无法获得救济的情形发生。进一步而言，交强险的社会功能，是为了构建和谐社会，减少社会矛盾，以及实现社会公平正义。交通事故引发的伤害案件特别是重、特大伤害案件，应当侧重于对受害者的保护，在不违反法律法规的前提下较充分地维护受害者的合法利益。从这个角度来说，应当认定脱离保险车辆的乘客为"第三者"，予以其交强险的理赔。

[新类型疑难案例选评]

广东奥飞动漫文化股份有限公司诉戴波侵害外观设计专利权纠纷案①

曹　柯　黄　键　贾友成*

一、案情简介

原告：广东奥飞动漫文化股份有限公司（简称奥飞公司）。

被告：戴波，个体工商户，重庆市渝中区朝天门市场银星18区9027号经营者。

原告奥飞公司与案外人广东奥迪动漫玩具有限公司（简称奥迫公司）共同为“玩具枪（流星）”的外观设计专利权人。专利号为ZL200830054252.8，专利申请日为2008年7月22日，授权公告日为2009年3月18日。2011年8月10日，国家知识产权局出具证书号为896883的《专利登记簿副本》载明，涉案专利处于有效状态，年费已缴纳至2012年7月21日。2010年1月1日，原告奥飞公司与奥迪公司签订知识产权协议书，约定涉及双方共有知识产权的保护事务，由原告奥飞公司全权代理。2010年12月28日，重庆市江北公证处出具（2010）渝江证字第25772号公证书记载：2010年10月20日，江北公证处公证员随同原告委托代理人指定的购买人李娅来到重庆市渝中区朝天门市场

① [裁判文书连接]：重庆市第五中级人民法院（2011）渝五中法民初字第00546号

* 作者单位：重庆市第五中级人民法院。

银星18区9027号的“友利达玩具店”，在该玩具店内购买了包括玩具枪（流星）在内的“铠甲勇士”系列玩具4件，并取得单据1张。在庭审过程中，法院打开公证封存实物进行比对，被控侵权产品的外观设计与原告享有外观设计专利权的“玩具枪（流星）”的视图相对比，两者整体视觉效果没有实质性差异。

原告奥飞公司诉称：原告是中国目前最具实力和发展潜力的动漫文化产业集团公司之一，《铠甲勇士》系原告投入巨资拍摄的优秀影视作品，在全国100余家电视台播放，投入大量广告和宣传。原告将《铠甲勇士》系列玩具向国家知识产权局申请外观设计专利，获得授权后即实施上述专利，将专利产品投放市场，凭借《铠甲勇士》影视作品奠定的良好知名度，取得了较好的市场经济效益。原告发现被告销售的玩具与原告享有专利权的“玩具枪（流星）”外观设计专利相同，构成了对原告专利权的侵害。原告遂诉至法院，请求判令：1. 被告立即停止侵犯原告专利权的行为；2. 被告立即销毁所有侵权产品、半成品、专用零配件、相关包装盒等；3. 被告在《重庆晨报》、《重庆商报》、《重庆晚报》、《重庆日报》醒目位置持续三个月公开发表声明向原告赔礼道歉；4. 被告赔偿原告经济损失3万元；5. 被告赔偿原告因追究其侵权责任而支付的公证费、购买侵权产品的费用、差旅费等共计2000元；6. 本案诉讼费用由被告负担。

被告戴波答辩称：被告未实施侵权行为，不应承担侵权责任。

二、审判

重庆市第五中级人民法院审理认为，本案原、被告双方存在的争议焦点有：

（一）原告奥飞公司是否有权就侵犯涉案外观设计专利权的行为提起诉讼

法院认为，原告与奥迪公司是“玩具枪（流星）”外观设计专利权人，其依法享有的外观设计专利权应受法律保护。奥迪公司作为涉案专利的共有权人，已授权原告全权代理知识产权保护事务，授权权限包括但不限于行使代表权以调查、收集证据、财产保全、证据保全、起诉、应诉、执行等措施，因此，原告作为涉案专利的共有权人有权就侵犯涉案外观设计专利权的行为提起诉讼。

（二）被告是否侵害了原告奥飞公司的专利权

根据专利法第五十九条第二款规定，外观设计专利权的保护范围以表示在图片或者照片中的该产品的外观设计为准，简要说明可以用于解释图片或者照片所表示的该产品的外观设计；《最高人民法院关于审理侵犯专利权纠纷案件应用法律若干问题的解释》第十一条、第八条进一步规定，人民法院认定外观设计是否相同或者近似时，应当根据授权外观设计、被诉侵权设计的设计特征，以外观设计的整体视觉效果进行综合判断；在外观设计专利产品相同或者近似种类产品上，采用与授权外观设计相同或者近似的外观设计的，人民法院应当认定被诉侵权设计落入专利法第五十九条第二款规定的外观设计专利权的保护范围。本案中，原告外观设计专利与被控侵权产品均是玩具，属相同产品，两者用途相同，将被控侵权产品与原告外观设计专利“玩具枪（流星）”的视图相对比，两者在整体视觉效果上没有实质性差异，法院认定两者相同。因此，被控侵权产品落入了原告奥飞公司“玩具枪（流星）”外观设计专利的保护范围，侵害了原告奥飞公司的专利权。

（三）被告是否应当承担责任以及应当承担何种责任

专利法第十一条第二款规定，外观设计专利权被授予后，任何单位或者个人未经专利权人许可，都不得实施其专利，即不得为生产经营目的制造、许诺销售、销售、进口其外观设计专利产品。本案中，被告戴波销售了侵犯原告外观设计专利权的产品，构成了对原告外观设计专利权的侵犯，依法应当承担停止侵权、赔偿损失等民事责任。关于赔偿损失的数额，根据专利法第六十五条的规定，侵犯专利权的赔偿数额按照权利人因被侵权所受到的实际损失确定；实际损失难以确定的，可以按照侵权人因侵权所获得的利益确定。权利人的损失或者侵权人获得的利益难以确定的，参照该专利许可使用费的倍数合理确定。赔偿数额还应当包括权利人为制止侵权行为所支付的合理开支。权利人的损失、侵权人获得的利益和专利许可使用费均难以确定的，人民法院可以根据专利权的类型、侵权行为的性质和情节等因素，确定给予一万元以上一百万元以下的赔偿。本案中，原告未提供证据证明其自身因侵权而遭受的损失或被告因侵权获得的利益，也无涉案专利许可使用费可供参照，本院根据原告专利类型、被告侵权的情节、主观过错程度、原告为制止侵权行为支出的合理费用等因素，酌情确定被告戴波赔偿原告经济损失及合理费用 1 万元。关于原告要求被告销毁所有侵权产品、半成品、专用零配件、相关包装盒的诉讼请求，因原告未提供证明被告有半成品、专用零配件、相关包装盒的相关证据，故法院仅支持其要求被告戴波销毁侵权产品的诉讼请求，对原告该项其他诉讼请求不予支持；对原告要求被告赔礼道歉的诉讼请求，于法无据，本院亦不予支持。综上，依照《中华人民共和国专利法》第十一条第二款、第五十九条第二款、第六十五条，《最高人民法院关于审理侵犯专利权纠纷案件应用法律若干问题的解释》第八条、第十一条，《中华人民共和国民事诉讼法》第一百二十八条之规定，判决如下：（1）被告戴波立即停止销售并销毁侵犯原告奥飞公司ZL200830054252.8号“玩具枪（流星）”外观设计专利权的产品；（2）被告戴波于本判决生效后十日内赔偿原告奥飞公司经济损失及合理费用1万元；（3）驳回原告奥飞公司的其他诉讼请求。

宣判后，双方当事人均未上诉，判决已发生法律效力。

［评析］

专利共有人有权单独提起侵权诉讼

本案首要的争议焦点在于原告奥飞公司是否有权就侵犯涉案外观设计专利权的行为提起诉讼，本案是否应当追加专利共有人奥迪公司为共同原告。第一种观点认为，原告奥飞公司与奥迪公司共同为“玩具枪（流星）”的外观设计专利权人，根据《最高人民法院关于适用〈中华人民共和国民事诉讼法〉若干问题的意见》第56条规定，共有财产权受到他人侵害，部分共有权人起诉的，其他共有权人应当列为共同诉讼人。由于专利权属于无形财产权利，因此本案应当追加奥迪公司为共同原告。第二种观点认为，根据《中华人民共和国专利法》第十五条规定，专利申请权或者专利权的共有人对权利的行使有约定的，从其约定。没有约定的，共有人可以单独实施或者以普通许可方式许可他人实施该专利；许可他人实施该专利的，收取的使用费应当在共有人之间分配。除前款规定的情形外，行使共有的专利申请权或者专利权应当取得全体共有人的同意。针对专利侵权行为提起诉讼属于行使专利权的方式之一，是专利共有人实施专利的必然需求，在专利共有人之间没有约定的情况下，原告奥飞公司作为共有人之一单独提起专利侵权诉讼，不会影响其他共有人的合法利益，因而不必追加专利共有人奥迪公司为共同原告。

笔者赞同第二种观点，赋予专利共有人单独提起侵权诉讼的资格符合知识产权客体无形性的本质特征，有利于鼓励专利共有人实施专利和对专利权主动进行保护。

一、共有制度没有限制共有人单独提起侵权诉讼

共有制度源于物权制度。根据一物一权原则，共有人对共有物共同享有所有权，每个共有人的权利及于整个共有物。从权利行使的角度上讲，由于主体不只一个，共有物上的权利要比一般权利能够得到更为广泛的行使。共有制度确保共有人都对共有财产平等地，不分份额地享有占有、使用、收益和处分权，其中也应包括向侵权人追究法律责任的权利。为了防止部分共有人在行使权利时损害其他共有人利益，共有制度对共有人权利的行使也有所限制，如《最高人民法院关于贯彻执行〈中华人民共和国民法通则〉若干问题的意见（试行)》第89条规定，共同共有关系存续期间部分共有人擅自处分共有财产的，一般认定无效。但笔者认为，在平等保护共有人合法权利的基础上，共有制度的宗旨在于促进权利的充分行使。对于占有、使用、收益等权利，共有人均应有权单独行使，而针对侵权行为提起诉讼属于上述权利的延伸权利，为了确保共有人行使权利的自由，不应加以限制。另根据物权法第一百零二条规定，在对外关系上，共有人享有连带债权、承担连带债务。换句话说，因为共有财产产生的损害赔偿请求权，各共有人都连带享有债权，所以也应有权单独提起侵权诉讼。

二、客体无形性特征决定了知识产权共有人可以单独提起侵权诉讼

权利客体的无形性是知识产权区别于有形产权的本质特征。动产或不动产作为有形物质，在一定的时空条件下，只能由某一个人或社会组织来实际占有或使用，部分共有人的占有、使用行为或多或少可能影响其他共有人。而一项知识产品不同，它可以为若干主体同时占有，被他们共同使用。[①] 相对于动产、不动产而言，知识产品的占有不是有形的控制，使用也没有有形的损耗，不会因为事实处分和有形交付的法律处分而消灭。换句话说，知识产权共有人对产品的占有是虚拟占有而不是实际控制，弱化了知识产权的支配功能而强化了其利用功能。正因为如此，《中华人民共和国专利法》规定了在没有约定的情况下共有人可以单独实施或者以普通许可方式许可他人实施专利。所

① 吴汉东：《知识产权基本问题研究》，中国人民大学出版社2005年版，第37页。

以，知识产权共有人对权利客体的占有、使用、收益有更多的独立性，部分共有人针对侵权行为单独提起诉讼不会妨碍其他共有人的合法权益，比如要求侵权人停止侵权行为的诉讼请求，反而有利于所有共有人对知识产权的实施和保护。根据《最高人民法院关于对诉前停止侵犯专利权行为适用法律问题的若干规定》第一条的规定，独占实施许可合同的被许可人可以单独向人民法院提出诉前责令被申请人停止侵犯专利权行为的申请，并有权在人民法院采取停止有关行为的措施后15日内起诉。由此也可以推定，专利共有人作为比专利独占实施许可合同的被许可人享有更多权能的主体，针对专利侵权行为更应有权单独提起诉前禁令和起诉。

三、专利共有人提起的侵权诉讼不是必要共同诉讼

《中华人民共和国民事诉讼法》第一百一十九条规定，必须共同进行诉讼的当事人没有参加诉讼的，人民法院应当通知其参加诉讼。根据我国民事诉讼理论，必要共同诉讼的一个重要特征就在于有共同的诉讼标的，即诉讼标的的权利或义务是基于同一事实或法律上的原因。[①] 对于何为诉讼标的的权利义务基于同一事实或法律上的原因，参见美国联邦民事诉讼规则第19条的标准：一是如果该共同当事人不加入诉讼，则其他已在诉讼中的当事人将不能得到全面的救济；二是如果该共同当事人不加入诉讼，则法院所作出的判决要么会在实质上损害该共同当事人的权益，要么使案件中的其他当事人双倍地或多倍地承担法律责任或者承担其他不恰当的法律责任。又如有学者认为，必要共同诉讼是指多数当事人一方为共同诉讼人时，他们与对方当事人有共同的、不可分割的利益。它要求由多数当事人全体对起诉请求的利益有共同管理权或处分权，共同实施诉讼行为，否则这一方当事人就不适格。[②] 在专利侵权诉讼中，专利共有人单独起诉不会影响对专利权的救济，也不会损害其他共有人的权益。如前所述，由于客体的无形性特征，专利共有人在行使专利权时并不存在不可分割的利益，因而没有必要强求专利共有人全体必须参与诉讼，共同实施诉讼行为。不过，根据共有制度，专利共有人行使的是专利权整体，其获得的也应是针对侵犯整个专利权的赔偿。所以，侵权人在向部分专利共有人赔偿损失后可不再向其他共有人赔偿，以此避免被告因为一次侵权行为

---

① 张卫平主编：《民事诉讼法教程》，法律出版社1998年版，第142页。

② 杨荣馨主编：《民事诉讼原理》，法律出版社2003年版，第154页。

遭到不同专利共有人起诉而承担双倍或者多倍的法律责任。如同《中华人民共和国专利法》第十五条所规定的，部分共有人许可他人实施该专利的，收取的使用费应当在共有人之间分配。那么针对侵权赔偿金，其他共有人也有权要求通过起诉获得赔偿的专利共有人进行利益分配。

本案中，原告奥飞公司与案外人奥迪公司共同是外观设计“玩具枪（流星）”的专利权人。原告作为涉案专利的共有权人有权单独就侵犯涉案外观设计专利权的行为提起诉讼，不必追加另一共有人奥迪公司为共同原告。更何况本案中奥迪公司已授权原告全权代理知识产权保护事务，授权权限包括但不限于行使代表权以调查、收集证据、财产保全、证据保全、起诉、应诉、执行等措施，其中也隐含了其作为共有人同意原告单独维权的意思表示。因此，重庆市第五中级人民法院根据原告奥飞公司单独提起的侵权诉讼请求作出了判决。

[最新立法、司法动态]

最高人民法院

关于审理道路交通事故损害赔偿案件适用法律若干问题的解释

(征求意见稿)

为正确审理道路交通事故损害赔偿案件，根据《中华人民共和国侵权责任法》、《中华人民共和国道路交通安全法》、《中华人民共和国保险法》、《中华人民共和国合同法》、《中华人民共和国民事诉讼法》等法律的规定，结合民事审判实践，制定本解释。

第一条 机动车交通事故中的赔偿权利人起诉的，人民法院应当将赔偿义务人和承保机动车第三者责任强制保险的保险公司分支机构列为共同被告。但该保险公司分支机构已经在机动车第三者责任强制保险限额内予以赔偿且赔偿权利人无异议的除外。

机动车一方投保商业第三者责任险，有下列情形之一的，人民法院可以根据赔偿权利人或赔偿义务人的请求，将承保商业第三者责任险的保险公司分支机构列为共同被告，但商业第三者责任保险合同中约定了有效的仲裁条款的除外：

（一）被保险人已向保险人提出赔偿保险金的请求，但保险人未在合同约定的期间内作出核定的；

（二）被保险人对保险人作出的拒绝赔偿保险金通知书有异议的；

（三）被保险人对保险人核定的赔偿保险金数额有异议的。

机动车交通事故责任纠纷案件，由侵权行为地、侵权人住所地或承保机动车第三者责任强制保险的保险公司的分支机构所在地人民法院管辖。

第二条 机动车交通事故中的赔偿权利人对承保机动车第三者责任强制保

险责任的保险公司享有的人身伤亡保险金请求权，不得转让或以之提供担保。

第三条 被侵权人因机动车交通事故死亡，无赔偿权利人或赔偿权利人不明，有关机关、部门或者社会组织向人民法院提起诉讼主张死亡赔偿金的，人民法院不予受理；已经受理的，驳回起诉。

被侵权人因机动车交通事故死亡，支付被侵权人医疗费、丧葬费等合理费用的人请求机动车第三者责任强制保险的保险公司在责任限额范围内赔偿医疗费、丧葬费的，人民法院应予支持。

第四条 人民法院应在综合分析交通管理部门依法制作的交通事故认定书、交通事故现场照片、鉴定结论、勘查笔录、影像数据及其他证据的基础上，根据机动车交通事故各方当事人的过错及原因力等因素认定各自的损害赔偿责任。

有充分证据足以推翻公安机关交通管理部门制作的交通事故认定书的，人民法院应确认其证明力。

第五条 投保人允许的驾驶人驾驶机动车致使非本车人员的投保人遭受损害，赔偿权利人请求承保该机动车第三者责任强制保险的保险公司在责任限额范围内予以赔偿的，人民法院应予支持。但损害是因投保人故意造成的除外。

投保人允许的驾驶人包括机动车的承租人、借用人、与投保人形成劳动关系、劳务关系的工作人员或提供劳务一方以及其它投保人允许驾驶的人。

第六条 道路交通安全法第七十六条规定的“人身伤亡”是指机动车发生交通事故侵害被侵权人的生命权、健康权等人身权益所造成的损害，包括《侵权责任法》第十六条和第二十二条规定的各项损害。

道路交通安全法第七十六条规定的“财产损失”是指因机动车发生交通事故侵害被侵权人的财产权益所造成的损害。

第七条 赔偿权利人请求因机动车交通事故造成车辆的维修费用或重置费用、车辆所载货物的损失、车辆施救费用、经营性车辆的停运损失或者非经营性车辆使用中断的损失以及其他财产损失的，人民法院应予支持。

本条所称“车辆的重置费用”，是指因机动车交通事故导致被侵权人的车辆灭失或无法修复的，被侵权人为取得与交通事故发生前被损害车辆价值相当的车辆所需要的金额。人民法院应当根据鉴定结论、该车辆的使用年限等因素确定该损失的数额。

本条所称“经营性车辆的停运损失”，是指被侵权人用于货物运输、旅客运输或者汽车租赁等经营活动的车辆，无法从事相应经营活动而产生的损失。

本条所称“非经营性车辆使用中断的损失”，是指被侵权人正在使用的非用于货物运输或者旅客运输经营活动的车辆无法继续使用而遭受的损失。人民法院可以根据被侵权人为获得通常的替代性交通工具已经支付的费用确定该损失的数额。

赔偿权利人请求承保机动车第三者责任强制保险的保险公司赔偿经营性车辆的停运损失和非经营性车辆使用中断的损失的，人民法院不予支持。

第八条 机动车交通事故造成人身伤亡的，对于基本医疗保险范围外的医疗项目支出，赔偿权利人请求机动车第三者责任强制保险的保险公司在责任限额范围内按照基本医疗保险的同类医疗费用标准赔付的，人民法院应予支持。

第九条 同时投保机动车第三者责任强制保险和商业性机动车第三者责任保险的机动车发生交通事故造成损害，先由承保机动车第三者责任强制保险的保险公司在责任限额范围内予以赔偿；不足部分，由承保商业性机动车第三者责任保险的保险公司根据保险合同予以赔偿；仍有不足的，由赔偿义务人按照道路交通安全法和侵权责任法的相关规定予以赔偿。

同时投保机动车第三者责任强制保险和商业性机动车第三者责任保险的机动车发生交通事故造成损害，赔偿权利人有权选择精神损害与财产损害在机动车第三者责任强制保险中的赔偿次序。赔偿权利人选择优先赔偿精神损害，财产损害赔偿不足的部分由承保商业性机动车第三者责任保险的保险公司根据保险合同予以赔偿。

第十条 未按照国家规定投保机动车第三者责任强制保险的机动车，发生交通事故造成损害，赔偿权利人请求由机动车第三者责任强制保险的投保义务人在机动车第三者责任强制保险责任限额范围内予以赔偿的，人民法院应予支持。投保义务人和侵权人不是同一人，赔偿权利人请求由投保义务人和侵权人在机动车第三者责任强制保险限额内承担连带赔偿责任的，人民法院应予支持。不足部分，按照道路交通安全法第七十六条和侵权责任法的有关规定承担赔偿责任。

本条所称“投保义务人”，是指依照法律、行政法规的规定应当投保机动车第三者责任强制保险的机动车所有人或管理人。

第十一条 投保义务人有证据证明具有从事机动车第三者责任强制保险业务资格的保险公司拒绝或者拖延承保，而保险公司未能提出正当理由的，投保义务人在向第三人承担赔偿责任后，请求该保险公司在机动车第三者责任强制保险责任限额范围内承担相应的赔偿责任的，人民法院应予支持。

第十二条

方案一：两辆或两辆以上的机动车发生交通事故造成损害，根据各侵权人的过错和原因力等因素能够合理分开各自造成的损害，由各赔偿义务人各自承担相应的赔偿责任；不能合理分开各自造成的损害的，应区分不同情况，依据侵权责任法第十条、第十一条的规定确定责任。

方案二：两辆或两辆以上的机动车发生交通事故造成损害，人民法院应当根据各侵权人的过错和原因力等因素，区分不同情况，分别适用侵权责任法第十条、第十一条或第十二条的规定。

第十三条 多辆机动车发生交通事故造成损害，其中部分机动车未投保第三者责任强制保险的，可以根据下列情形分别处理：

（一）多个侵权人依法应当承担连带责任，赔偿权利人请求先由已承保机动车第三者责任强制保险的保险公司在其责任限额内予以赔偿的，人民法院应予支持；不足部分，由未投保机动车的投保义务人按照本解释第十条的规定予以赔偿；仍有不足的，由各赔偿义务人承担连带责任。保险公司在机动车第三者责任强制保险责任限额范围内承担了超出被保险机动车一方应承担的赔偿份额的，有权就超出部分向未投保机动车的投保义务人追偿。已投保的机动车一方放弃对未投保机动车的投保义务人的追偿权的，对保险公司不发生效力。

（二）多辆机动车依法应当承担按份责任的，未投保机动车一方依照本解释第十条的规定承担赔偿责任。

第十四条 牵引车和挂车分别投保机动车第三者责任强制保险，发生交通事故造成的损害未超出机动车第三者责任强制保险责任限额的，由承保直接造成损害的牵引车或挂车的第三者责任强制保险的保险公司在责任限额范围内予以赔偿；损害超出机动车第三者责任强制保险责任限额，赔偿权利人请求由承保牵引车和挂车的第三者责任强制保险的保险公司在各自责任限额范围内平均分摊的，人民法院应予支持。

第十五条 同一交通事故的多个被侵权人同时起诉的，人民法院应当按照各被侵权人的损失占全体被侵权人总损失的比例确定其从机动车第三者强制责任保险限额范围内应获得的赔偿数额。

第十六条 被保险机动车所有权发生变动，发生交通事故致人损害的，保险公司以未办理机动车第三者责任强制保险合同变更手续为由主张免除赔偿责任的，人民法院不予支持。

被保险机动车在机动车第三者责任强制保险合同有效期内发生改装、加装、使用性质改变等导致危险程度增加以及影响保险费增加情形的，发生交通事故后，保险公司应当在机动车第三者责任强制保险责任限额范围内予以赔偿。保险公司请求投保人按照重新核定后的保险费标准补足当期保险费的，人民法院应予支持。

第十七条 有下列情形之一导致人身损害的，应当按照道路交通安全法第七十六条的规定，由保险公司在机动车第三者责任强制保险责任限额范围内予以赔偿：

（一）驾驶人未取得驾驶资格、醉酒、吸毒、滥用麻醉药品或者精神药品后驾驶机动车发生交通事故的；

（二）被保险人故意制造交通事故的；

保险公司自向赔偿权利人赔偿之日起，有权向被保险人追偿。追偿权自保险公司实际赔偿之日起计算诉讼时效。

保险公司在同一诉讼中向被保险人主张追偿权的，人民法院应当一并审理并作出判决。

第十八条 未经许可驾驶他人机动车发生交通事故，由机动车使用人对超出机动车第三者责任强制保险责任限额范围之外的损害承担赔偿责任。机动车所有人有过错的，承担相应的赔偿责任。

第十九条 适用侵权责任法第四十九条的规定，有下列情形之一的，人民法院应当认定机动车所有人对于损害的发生有过错：

（一）机动车所有人知道或者应当知道机动车存在缺陷且该缺陷是交通事故发生的原因；

（二）机动车所有人知道或者应当知道使用人未取得相应驾驶资格的；

（三）机动车所有人知道或者应当知道使用人有饮酒、服用国家管制的精神药品或者麻醉药品，或者患有妨碍安全驾驶机动车的疾病等依法不能驾驶机动车的情形；

（四）其他应认定机动车所有人具有过错的情形。

第二十条 免费搭乘机动车发生交通事故造成搭乘人损害，被搭乘方有过错的，应当承担赔偿责任，但可以适当减轻其责任。搭乘人有过错的，应当减轻被搭乘方的责任。

机动车试乘过程中发生交通事故造成试乘人损害的，提供试乘服务者应当承担赔偿责任。试乘人有过错的，应当减轻提供试乘服务者的赔偿责任。

第二十一条

方案一：从事道路运输经营的机动车发生交通事故造成损害，实际经营人与名义经营人不一致的，由实际经营人承担损害赔偿责任，名义经营人承担补充赔偿责任。

方案二：从事道路运输经营的机动车发生交通事故造成损害，实际经营人与名义经营人不一致的，赔偿权利人请求由实际经营人和名义经营人承担连带赔偿责任的，人民法院应予支持。

第二十二条 出租车发生交通事故造成损害，赔偿权利人请求经营出租车的单位或个人对超出机动车第三者责任强制保险责任限额之外的损害承担赔偿责任的，人民法院应予支持。

第二十三条 下列情形，由保险公司在机动车第三者责任强制保险责任限额范围内予以赔偿；不足部分，按照下列规定承担赔偿责任：

（一）出质中的机动车发生交通事故造成损害的，由质权人承担赔偿责任。出质人对损害的发生有过错的，承担相应的赔偿责任；

（二）机动车修理或者保管期间发生交通事故造成损害的，由承揽人或保管人承担赔偿责任。机动车所有人对损害的发生有过错的，承担相应的赔偿责任；

（三）酒店、宾馆等服务场所提供泊车、代驾等服务过程中发生交通事故造成损害的，由提供服务方承担赔偿责任；接受服务方对损害的发生有过错的，承担相应的赔偿责任；

（四）机动车试驾过程中发生交通事故造成损害的，由驾驶人承担赔偿责任；提供试驾服务一方对损害的发生有过错的，承担相应的赔偿责任；

（五）机动车驾驶的受训人员在培训活动中发生交通事故造成损害的，由驾驶培训单位承担赔偿责任；

（六）机动车陪练过程中发生交通事故造成损害的，由驾驶人承担赔偿责任；陪练人对损害的发生有过错的，承担相应的赔偿责任；

（七）采取分期付款方式购买机动车，出卖人在买受人付清全部价款前保留车辆所有权并交付机动车的，发生交通事故后，由买受人承担赔偿责任；

（八）以融资租赁方式购买的机动车已交付给承租人的，发生交通事故后，由承租人承担赔偿责任；

（九）同一机动车被多次以买卖等方式转让并交付，都未办理所有权转移登记，发生交通事故造成损害的，由最后一次转让的受让人承担赔偿责任。

（十）以买卖等方式多次转让拼装或者已达到报废标准的机动车，发生交通事故造成损害的，由所有的转让人和受让人承担连带责任。

第二十四条　工作人员因执行工作任务或提供劳务一方因劳务驾驶用人单位或者接受劳务一方的车辆发生交通事故造成损害的，赔偿权利人请求用人单位或接受劳务一方承担赔偿责任的，人民法院应予支持。用人单位或接受劳务一方承担责任后，向有故意或者重大过失的工作人员或提供劳务一方追偿的，人民法院应予支持。

第二十五条　机动车在高速公路行驶过程中发生交通事故，高速公路管理单位未尽到安全防护、警示等管理义务，赔偿权利人请求其承担相应的赔偿责任的，人民法院应予支持。

行人、非机动车驾驶人进入高速公路引发交通事故，造成自身损害的，高速公路管理单位已尽到安全防护、警示等管理义务，赔偿权利人请求其承担责任的，人民法院不予支持。

第二十六条　在公共道路上堆放、倾倒、遗撒妨碍通行的物品造成交通事故致人损害，赔偿权利人请求行为人承担赔偿责任的，人民法院应予支持；公共道路的管理者不能证明自己没有过错的，应当承担相应的赔偿责任。

第二十七条　道路存在设计、施工缺陷且该缺陷构成交通事故发生的原因之一，赔偿权利人请求建设单位与设计单位或施工单位根据道路缺陷与损害后果的原因力比例承担连带责任的，人民法院应予支持。

第二十八条　因机动车存在缺陷且该缺陷是交通事故发生的原因之一，赔偿权利人请求机动车的生产者、改装者或销售者根据机动车缺陷与损害后果的原因力比例承担赔偿责任的，人民法院应予支持。

第二十九条　本解释自公布之日起施行。

本解释施行后尚未审结的一审、二审道路交通事故损害赔偿案件适用本解释的规定。

本解释施行前已经审结的道路交通事故损害赔偿案件，当事人以违反本解释为由申请再审的，人民法院不予支持。

[法律适用问题解答]

文书判决改变宣告判决之程序救济

问：当庭宣判以后，法官觉得宣判不当，在向当事人送达的判决书中，便改变了当庭宣判的内容，判决书生效后，人民检察院以审理程序违法为由提出抗诉，在审判监督程序中，法院面对两个判决应当如何处理？

答：在我国，判决一旦获得确定，就产生既判力、执行力和形成力，这可以说是确定判决效力的主要体现。我们平时所说的判决书已经发生法律效力，多是在这个层面所作的判断。虽然法律没有明确地就判决的拘束力问题作出规定，但是我国的相关司法解释和司法实践对此已经予以表明。如《最高人民法院在关于适用〈中华人民共和国民事诉讼法〉若干问题的意见》第163条中就规定："一审宣判后，原审人民法院发现判决有错误，当事人在上诉其内提出上诉的，原审人民法院可以提出原判决有错误的意见，报送第二审人民法院，由第二审人民法院按照第二审程序进行审理；当事人不上诉的，按照审判监督程序处理。"这其中就包含着对判决拘束力的规定。一审法院只要作出宣判，就必须受判决结果的拘束，绝对不能随意废弃或更改自己曾经宣告过的判决。法庭一旦对判决结果作出这种宣告，就表示判决的成立。若仅是制作了判决书而未予宣告，至多属于判决的议决阶段，尚不能产生任何效力。就一审判决而言，从宣告判决到判决发生既判效力的这一时间段内，判决并未对当事人产生任何效力——既不能开始计算上诉期，也不能算是确定判决，或者申请执行。但却对法院和法官的审判行为产生效力，我们不应当忽视宣告判决后的这种效力。因此，宣告判决拘束力的对象，只应当是法院和法官。只要判决成立了，法院就有义务尽可能地保障其按照法定程序发生法律效力，否则就违反了宣告判决对法院具有拘束力的要求，在性质上，其变更宣告判决行为具有违法性。

当发现一审宣告判决错误时，司法解释只允许通过两个途径纠正，一是通过上诉由二审法院纠正，二是按照审判监督程序纠正，从而排除法官在同一程序中进行纠正。而我们的问题恰恰就是在同一程序中所进行的纠正情形。在这种情况下，对于所宣告的判决主文及其理由，法院并未向当事人送达书面判决书，导致判决内容不能对当事人产生确定的既判效力；而实际送达的文书判决主文及其理由，却又是在无视宣告判决拘束力的情况下产生的，虽然其不具有判决的合法性基础，但对当事人来说，却是本案的确定判决——具有既判效力的判决。因此，对于一个缺乏判决正当性或合法性基础的判决，即使其实体上的判决结果是正确的，也不能予以维持，而应当对其予以否定。也就是说，对当庭宣告之判决，因其并未发生确定判决的效力，即对当事人来说并未发生法律效力，故无论宣告的结果正确与否，再审均不能对其作出维持或者撤销的判决。所以，法院在再审程序中，应当撤销原审的文书判决，继而根据案件情况重新作出判决，即使新判决的结果与原审文书判决结果相同也应当重新判决。

（本书研究组）

《最新法律文件解读》丛书
稿　　约

《最新法律文件解读》是一套以为最新法律规范提供同步"解读"为主的系列丛书，分为刑事、民事、商事、行政与执行4个分册，按月出版。

本丛书以"解读"为重点，突出全、专、新、快、准等特点，通过对最新出台的法律、法规、司法解释、部门规章以及重要地方性法规进行同步动态解读，弥补了法律、法规、司法解释汇编类出版物没有同步阐释、解读内容的不足，为广大读者学习理解最新法律规范，正确贯彻执行法律文件，及时解决实践中的新情况、新问题，提供一个全方位、多层面的法律信息平台。

欢迎您向以下栏目赐稿：

【最新法律文件解读】主要是对最新颁行的法律文件进行解读，帮助司法和执法人员正确理解法律文件的立法背景、意义、重点内容、在适用中应注意的问题、与相关法律文件的衔接与互动关系等等。

【司法实务问题研究】主要刊登对司法理论、实务及司法管理工作中的热点、疑难问题进行研究及评论的文章。

【新类型疑难案例选评】主要是对司法和行政执法实践中具有典型性和代表性的疑难案例，结合具体案情以及审理或处理结果进行简练精辟的点评，解析认识问题的方法、处理问题的法律依据和在个案中的具体适用。

【法学前沿与新视点】以摘要的形式刊登相关法学理论研究的最新动态及具有代表性和典型性的前沿问题，扩展法学研究的深度和广度。

【法律适用问题解答】主要针对司法和行政执法实践中面临的新问题、热点问题、疑难问题进行简要地解答，指出涉及的法律关系，明确法律适用依据。

稿件一经刊用，即付稿酬，稿酬从优。

《刑事法律文件解读》　兰丽专　邮箱：lanlizhuan@sohu.com
《民事法律文件解读》　肖瑾璟　邮箱：courtbook@163.com
《商事法律文件解读》　孙振宇　邮箱：shangshijiedu@126.com
《行政与执行法律文件解读》　姜　峤　邮箱：jiang9919@126.com

人民法院出版社
《最新法律文件解读》丛书编辑部